员工创新行为的激发

组织因素与个体因素的互动

◎ 教育部人文社会科学研究项目"组织信任与员工创新研究——创新心理的中介效应与组织因素的调节效应"

（编号：09YJA630053）

◎ 江苏大学专著出版基金资助出版

杨晶照 著

中国社会科学出版社

图书在版编目（CIP）数据

员工创新行为的激发：组织因素与个体因素的互动／杨晶照著．
北京：中国社会科学出版社，2012.12

ISBN 978 - 7 - 5161 - 1811 - 5

Ⅰ.①员…　Ⅱ.①杨…　Ⅲ.①企业—职工—创造力—能力培养
Ⅳ.①F272.92

中国版本图书馆 CIP 数据核字（2012）第 288413 号

出 版 人	赵剑英	
选题策划	张　林	
责任编辑	侯苗苗	
责任校对	孙洪波	
责任印制	戴　宽	

出　　版	中国社会科学出版社	
社　　址	北京鼓楼西大街甲 158 号（邮编 100720）	
网　　址	http://www.csspw.cn	
	中文域名：中国社科网　　010 - 64070619	
发 行 部	010 - 84083685	
门 市 部	010 - 84029450	
经　　销	新华书店及其他书店	

印　　刷	北京君升印刷有限公司	
装　　订	廊坊市广阳区广增装订厂	
版　　次	2012 年 12 月第 1 版	
印　　次	2012 年 12 月第 1 次印刷	

开　　本	710×1000　1/16	
印　　张	11.25	
插　　页	2	
字　　数	185 千字	
定　　价	38.00 元	

摘　要

　　在创新过程中，个体层面的因素不容忽视，组织唯有通过发挥员工的创造性才能产生新产品、新服务或新流程，保持竞争优势。德鲁克在研究了多家创新型企业后认为，变革代理人并不一定是创新的发起者，组织里任何层面的员工都有可能掀起创新运动。心理学家的研究也认为，每个人都有创造的潜能，组织中的员工在工作中会产生很多好的创意。而现实的观察和现有研究也表明，员工在适当的氛围中，才会积极主动地创新。组织如果不能充分发挥员工的创造性潜能，让这些创意表达出来并付诸行动，形成创新的行为和结果，则无疑是浪费了宝贵的人力资源。

　　那么，究竟是什么因素影响了员工在工作场所的创新？本书通过对社会交换理论、计划行为理论和创造力理论等相关理论的回顾，从个体和组织两个层面着手考察影响员工创新的因素，并以社会交换为理论基础，构建理论模型，认为组织信任与员工创新之间存在着主效应，创新心理在其间起中介作用，而组织层面因素如组织文化、人力资源管理实践在当中起着调节作用。根据理论模型，本书在文献回顾与分析的基础上，进行了演绎推理，提出了相关的研究假设，并采用实证分析的方法来验证假设。本书共取得有效问卷 143 套，运用因子分析和多层级线性回归（HLM）的方法对理论模型进行了检验。

　　创新意味着对现实一定程度的否定，信任意味着员工处于一个良好的关系状态之中，有助于增强其创新性，较少担心创新可能产生的失败。因此，在适当的组织因素作用下，信任可以诱发员工的创新。研究结果显示：组织信任对员工的创新有着显著的促进作用，与创新相关的心理过程在其中的中介作用显著，当组织文化呈现出鼓励创新、重视员工发展等特征时，会加强组织信任与员工创新之间的关系，同时，高承诺型人力资源管理系统不仅可以促进员工创新，也在组织信任与员工创新之间起着促进作用。

本书的理论贡献主要表现在：在社会交换的理论框架下，透过创新过程黑箱，研究创新发生的机理；探究个体与组织因素对员工创新的作用机制；提出信任对员工创新的影响。

根据研究结果，本书提出了促进员工创新的相关建议。促进工作场所员工的创新，组织因素不可忽略，营建有助于员工发展的高聚合组织文化，借助人力资源管理的措施都可以促进员工的创新绩效。从个体因素来看，信任的建立，组织和员工之间非正式的和自我强化的契约关系的强化，能增强员工创新的内在心理动力，有助于形成组织和员工的良好双赢局面，从而产生更多的创新。

[关键词] 员工创新　组织信任　创新心理　组织文化　高承诺型人力资源管理系统

ABSTRACT

Nowadays, innovation is possible in every procedure due to less technical barriers and the trend of modularization mode of technology. Individual factors should not be ignored during the process of innovation. Only the enterprises which make full use of employees' creativity can introduce more new products, services and processes to maintain competitive advantage. After making researches on lots of innovative enterprises, Peter Drucker argued that the change agent needs not be the initiator of innovation. Members from any level of the organization are inclined to start an innovation. Researches form psychologists also imply that everyone has the potential to be creative. Organizational members may have creative ideas during work. There is no doubt a waste of valuable human resource if organizations can't take advantage of these creativities effectively. Then, which factors influence the employees' innovative behavior in workplaces? Through the review of social exchanges theories, creative theories and other theories, this study aims to examine factors of employee innovation from two aspects, namely, organizational factors and individual creative psychology among employees. Based on the social exchange theory, the theoretical model illustrates that on one hand organization trust plays a major role in employee innovation, while individual creative psychology has a mediating influence, and other macro factors in organizations such as organizational culture. On the other hand, human resource management practice have regulating effects on employee innovation.

The book proposes the hypotheses based on the literature review and test the hypotheses by empirical study. Questionnaires are designed and checked by experts. A pilot survey is conducted through emails to examine the reliability and validity. The survey is carried out in Jiangsu province and Yunnan province. Altogether, 143 sets of valid questionnaires are collected. Also, the theoretical model is checked by factor analytic method and hierarchical linear model method.

The results show that organization trust has a significant stimulative effect towards employee innovation whereas innovation-related psychological process has significant mediating impacts. When it is characterized by emphasis on innovation and employee development, organizational culture will strengthen the relationship between organization trust and employee innovation. Meanwhile, high commitment human resource management system can not only promote employee innovation but also stimulate the impact of organization trust on employee innovation.

The major contribution of this book is that it will probe the mechanism of innovation and the impact mechanism of individual and organizational factors on employee innovation through exploring the black box of innovation process in the framework of social exchange. Innovation means overturning or denial of current actions to some extent and implies that employees are in a good relationship which will enforce initiatives of innovation and reduce their fears of possible failures. With the effects of proper organizational factors, trust will lead to employee innovation.

According to the research results, related suggestions to promote employee innovation are proposed. Organizational factors should not be ignored. Both high cohesive culture emphasizing individual development and proper human resource management are helpful to enhance employee innovation. On the individual level, it is wise to establish trust and enforce informal and self-reinforcing contractual relationships between employers and employees. These measures will lead to a favorable win-win situation and strengthen employees' intrinsic psychological motive and produce more innovation in the end.

[Key words] Employee Innovation; Organization Trust; Innovative Psychology; Organizational Culture; High Commitment Human Resource Management System

目　录

表目录

图目录

第一章　绪论

第一节　研究背景

进入 21 世纪，科学技术突飞猛进地发展，不断改变着人类的生活，特别是交通运输工具的不断改良、物流产业空前发达、交通网络覆盖面的扩张以及通讯技术的突破，信息在全球实现了即时传递，人类逐渐挣脱了地域的束缚，德尔曼（2006）由衷地发出"地球是平的"的感慨。这样的背景下，企业难以保持长期、稳定的垄断收益，只能通过持续创新获得瞬时的垄断地位。全球化使市场竞争日趋惨烈，技术发展日新月异，给很多新兴的行业与企业带来机会，更给传统行业带来挑战。很多组织和企业也已经意识到，要想在市场的海洋中存活下来，创新是生存的基本法则，更是发展的需要。当今不仅是大鱼吃小鱼，更是快鱼吃慢鱼的时代，组织只有通过创新不断地毁灭旧的自我，才能成为"快鱼"，在竞争中成为佼佼者，进而发展成"大鱼"。因此，只凭借传统的精简人事、降低成本、改造流程等活动，并不足以维系组织的长期生存，唯有不断地创新，才能构建组织长期的竞争优势，适应外部环境的变化。

中国企业在经历了第一阶段市场化转型后，正面临着从区域性市场向国家市场转型，并逐渐走向世界的第二阶段转型，仅仅依靠拼人力、比价格的竞争将难以使企业达到自己的目标。而要完成"中国制造"向"中国创造"或者"中国智造"的转变，企业只有加大创新力度，通过不断创新来摧毁自己已经获取的竞争优势，积极主动地建立新的竞争优势，采取的自我吞噬策略，实现跨越式发展。

但是，我国企业整体上自主创新能力严重不足。在 1985—2005 年间，我国国内企业中提出过专利申请的仅占 1.4%，而且企业提出的专利申请总量中，有 22% 的申请是来自外商独资企业或外商控股企业。从企业提出的专利申请的类别来看，外观设计专利申请占 45%，实用新型专利申请占 35%，而最能体现技术创新能力的发明专利仅占 20%。截至 2005 年年底，我国国内 60% 的企业没有注册商标，出口商品中拥有自主品牌的仅占 10%，拥有核心技术专利的企业仅占全部企业的 0.03%。在制造业的多数行业中，核心技术和关键设备基本上还依赖国外，存在着产业技术空心化的危险。因此，如何提高我国企业的创新能力，已成为当前迫切需要解决的一个现实问题。许多组织已经意识到了这个问题，不约而同地提出了要成为学习型组织，建设创新型组织文化的目标，为鼓励员工创新采取了各种措施。

且当今知识经济迅速发展，技术趋于平台化、模块化，技术壁垒降低，致使集中于任何环节的创新成为可能。在创新中，个体层面的因素不容忽视，唯有通过发挥员工的创造性才能产生新产品、新服务或新流程，保持竞争优势。德鲁克在研究了多家创新型企业后认为，变革代理人并不一定是创新的发起者，组织里的任何层面的人都有可能在组织中掀起创新运动。因此，创新不再只是研发部门的专职活动和研发人员的专利，而是扩散到各个部门和各个员工。毋庸置疑，组织中生产部门的基层员工有着丰富的实践经验，能发现生产环节的弊端；销售部门的基层员工因与客户广泛接触，能及时发现客户的需求及变化，"春江水暖鸭先知"。如果组织能及时捕捉到这些信息，将所有员工的创新潜质发挥出来，无疑将能够有效地促进企业的创新活动从而增强企业的竞争能力。

员工的创造性潜能是企业潜在的资源，如能得到开发利用，将其转化为员工的创新绩效，将会极大地提升企业的竞争能力。很多研究表明，组织的创新能力、创新绩效与组织员工的创新努力相关。众多学者指出：创新不再只是企业研发人员的专利，人人都可以成为出色的创新源，即全员均为创新者（许庆瑞、谢章澍、郑刚，2004；Subramania，1996）。创新不一定是要有专业的研发人员，投入大量的资金，做一个大项目，它包括工艺的创新、流程的创新、技术的创新、产品的创新等，可以通过有效的创新管理机制、方法和工具，力求做到人人创新、事事创新、时时创新、处处创新。

　　熊彼特强调创新在经济体系中扮演极重要的角色，提出"创新"与"发明"是两个不同的概念。自此之后，"创新"的概念开始获得学术界的重视。创新可能是一个新的产品、新的服务、新的技术或是一种新的管理方法。因此，创新过程有如下特点：首先，创新过程充满高度的不确定性，投入创新的努力与由其产生的效益之间常常存在时间滞后，同时时间间隔很难估计，管理者不能把握过程；其次，有些创新所产生的效益是无形的，例如，提升企业技术能力、改善企业产品质量等创新所产生的结果往往是无形的，效益难以确定，更不易量化，使管理者鼓励创新的动力不强；再次，投入与产出之间的因果关系也不易确定。从创新项目的投入到成功的新产品上市整个过程中，是企业相关部门共同努力的成果，而所赚取的利润中，各部门对创新贡献所占的比例也不能一一分清；最后，不同部门之间的目标与重点并不完全相同，因此在不同部门之间比较创新绩效相当不易。然而出于科学管理的愿望以及管理与控制的需要，组织往往将工作分为各个不同流程，制定很多规则和手册，力图实现标准化管理，并要求员工必须向既定目标进发，员工因此别无选择，只能变得循规蹈矩。这样的组织机制无疑是对员工创造性发挥的一种遏制。

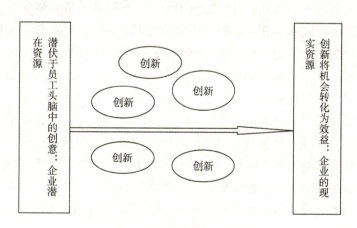

图1—1　员工创新激发图

　　如何激发每个员工的创新积极性成为问题的关键。一代又一代组织行为学研究者持续地进行探索，取得了很多有价值的研究成果。大多数研究针对的是西方文化背景下人的因素，对于中国情境下员工创新的激发，还远远不够。许庆瑞（2004）等认为，目前企业创新管理理论过于关注创新的技术部分，对于创新中人的因素，特别是如何激发全体员工的创新潜力研究不足。杨国枢（2004）在本土心理学的研究中指出，人的心理与行为受其本族文化及传统的影响。因此，与西方相比，影响中国人创新心理与行为的因素，除共性外，应有其自身的特性。西方大量的研究表明，影响工作场所员工创新的外部因素主要有环境、文化和领导，因此，本书选取组织文化和人力资源管理实践，由两者共同构成组织因素，研究其对员工创新的影响。企业也试图通过各种方式刺激员工创新，如作者所调研的某电信企业，强制要求员工每个季度提出一个合理化建议，并与奖金挂钩；某外贸企业，每个月召开部门会议，要求会议上人人发言，提出革新意见。在这样的情况下，迫于压力，员工会为了完成任务，应付性地提出一些建议与意见，难以达到预期的原创性效果。与组织通过各种形式进行自上而下的强迫式创新不同，本书首先要解决的问题是如何让员工在工作场所自觉地将创造性发所发挥出来。

个体行为受到外部推动与内部心理过程双重因素的影响，组织成员的创新一样受到组织因素与员工内部心理因素的影响，组织成员受组织因素驱动，通过发挥主观能动性，有所为，也可以有所不为。中国人对于什么可以有所为，什么可以有所不为，有自己的价值判断标准。创新归根结底是对现实存在事物的一种积极的否定，往往在刚开始出现时表现为离经叛道，不为人所接受。创新也是一种对现状的破坏，对一些既定格局的打破，有可能损害既得利益者的利益。在一个组织信任度高的组织中，员工可能会勇于创新，而不怕既得利益者如上司，也不怕同事产生反感。同时，在儒家文化中"士为知己者死"是其中最具代表性的思维模式，他愿意为信任自己的人做任何事，不再惧怕失败。员工对创新的认知建立于不确定性或风险性的基础上，当对环境没有把握时，可能会趋利避害，为避免失败，宁愿牺牲创新的尝试，选择按部就班地工作；当对环境比较信任，不再惧怕创新带来的对现实否定的倾向时，就会愿意在工作场所发挥自身的创造性，做到"知无不言，言无不尽"。

心理学家的研究发现，员工的创造性才能不一定会在工作场所发挥出来，具有创造性才能和创造性才能的实现，它们之间存在一定的距离。机制是引导员工行为的主要原因，当组织内机制使员工觉得创新不安全时，他就不会选择创新。例如，当员工进行了创新尝试失败之后，得不到理解，他就再不会有创新的动机。很多其他的研究发现，工作场所中员工是否参与创新，是员工的一种自觉选择，而不是一定要完成的本职工作。辛顿（Hinton）学者试图从各个不同的角度，对如何在工作场所将员工的创造力激发出来，进行了一些研究。然而，国内外对此问题的研究还是不够充分。尤其是在我国经济转型的过程中，员工的创新具体受到了什么样的组织因素和个人因素影响，这是一个令人着迷的话题。特别是，如何在工作场所中激发员工将创意转化为创新绩效的过程，也是一个令人激动的、具有现实意义的话题。

第二节 问题的提出及研究意义

一 问题的提出

心理学的研究表明，创造性是人类的天性之一，现实生活中，经常会发现一些工作中循规蹈矩的员工，在其业余生活中却有极强的创造性，如作曲、画画、房屋装修设计等。那么，是什么因素阻止了员工创造性在工作场所的发挥呢？社会认知理论认为个人的行为反应受到个人信念、行为和环境三者相互作用的影响，社会环境在三者的互动过程中扮演着重要角色，对个人行为产生显著的影响。显然，个人、组织及社会中的某些因素抑制了这些员工创造性的充分发挥，这是组织的一大损失，是人力资源的一种浪费。这样的现象在我国员工中表现尤为突出，在当前的很多研究和新闻报道中，都能发现我国整体创新性不强。从宏观上看，体制与机制在促进员工进行创新性活动方面还存有薄弱环节，缺乏百花齐放百家争鸣的氛围，要求共性的环境较强。从微观上看，员工受传统的思维习惯和行为模式影响，其行事方式存在求同排异、求同不存异、唯书唯上、因人废言、众口一词的倾向。李桂荣（2002）指出，"天人合一"的思想所导致的中庸行为抑制了中国人的进取精神、创新精神。根据许庆瑞等（2004）对浙江省73家企业，4248多位员工的问卷调查发现，仅26.8%的企业能将员工合理化建议制度化，而超过半数的职工（50.7%）参与率不高，28.1%的职工对合理化建议活动的兴趣不大。

关于中国人的行为特点，早在20世纪初，西风渐进之时，已有很多思想家做过论述与总结，如林语堂、费孝通、梁漱溟等。梁漱溟（1935）认为中国文化、西方文化与印度文化是三种不同的生活态度，其中，调和持中、向前要求、向后要求分别为各自根本的精髓。中国文化以调和持中为根本精神，它把生活的重心放在处理各种关系上，尤其是人际关系上，它对人类本质的前身主题和宗教命题不太关心，而非常重视现实人生，崇尚情感，重视和谐，追求融合默契。对人类本身而言，是世界大同，天人合一，人类能自成一个和睦的大家庭，并且与自然界和谐共处；对个体而言，是人我合一，与他人、与社区相互协调，主要方式就是做人——致力于道德的完善和人际的和睦。谢友祥（2000）认为，受中国传统文化影响，中国人性格中阴柔为主导，因为中国传统文化的两大体系，道家、儒家都存在阴柔的一面。道家主虚、主静、主退，主藏锋守拙、韬光养晦，属于全阴；而儒家尚中道、恕道、谦道，又推崇礼治，重德轻刑，也有阴柔的一面。林语堂（1994）认为中国文化的阴柔性不仅决定了国人阴柔的思维模式，也决定了中国人的群体性格，他在《吾国与吾民》一书中概括中国国民特点，列出稳健、淳朴、忍耐、平和、知足、保守、俭约、老滑俏皮数条，基本都属阴性品格。林语堂认为，"中国民族与西方国家比较，进取不足，保守有余，勇毅有力精神不足，而动心忍性之功夫甚深，忍辱负重"，"中国人主让，外国人主攘。外国人主观前，中国人主顾后"。阴柔的思维表现为处世的中庸。徐克谦（1998）认为，中庸是以内心的要求，仁（本心、人性）为根本价值的依据，在外部环境（包括自然与社会环境）中寻求"中节"，也就是在现有的外在环境与条件下，内在要求得到最适当的表达与实现，达到"中和"的境界（致中和）。也就是说，中庸的主要内涵是如何在不同的环境中权衡自己的表现与行为，中国人没有"做什么"的问题，只有"怎么做"的问题（杨中芳，1999）。换言之，在中庸思维的体系下，个人所着重的是自我在不同环境中的权宜表现，而不是跨情境的道德标准的衡量与评价。赵志裕（2000）曾将中庸思维分为三个维度：（1）以"中和"作为行动目标；（2）认清复杂的互动关系，顾全大局；（3）执行中讲究谦让，避免偏激。可见，"中庸"在中国传统文化中，不仅是中国历代以来的伦理道德观念，也是一种思维方式，中庸思维较偏重于"人际智慧"的层面；强调的是个人在特定情境中思考如何整合外在条件与内在需求，从而采取适当行为的思维方式，并不涉及个人所思考的内容与行为的善恶。在中庸思维的体系下，个人所着重的是自我在不同环境中的权宜表现，而不是跨情境的道德标准的衡量与评价。吴佳辉（2005）等将中庸思维定义为"由多个角度来思考同一件事情，在详细地考虑不同看法之后，选择可以顾全自我与大局的行为方式"，由"多方思考"、"整合性"、"和谐性"三个维度构成。徐克谦（1998）提出了"权"的概念，指出每个人心中都有一把尺，这把尺是个人用来衡量与评断个人在不同情境中，该如何掌握与拿捏自我的角色与行为。赵志裕（2000）认为，个人在运用中庸思维时，会不断观察环境中的变化，留意自己的行动是否背离了"和"的目标，并透过自省调节自己的行为，且在解决纠纷时，会考虑多种立场和不同观点，采用顾全多方面利益的方法，容易选择让步，创新的行为与想法就在这来回的权衡中消耗。

韦伯（1950）早就敏锐地指出，"儒家君子只顾表面的自制，对别人普遍不信任，这种不信任阻碍了一切信贷和商业活动的发展"。他间接暗示了社会信任与个人观念（儒家文化）的替代关系（陈戈，储小平，2008）。根据信任的形成基础，信任可区分为社会信任和私人信任。其中，社会信任是建立于法制、规章、制度等宏观正式契约基础之上，而私人信任是建立在血缘、亲缘、地缘、事缘等微观非正式契约基础之上。费孝通（1985）指出，中国人的"差序格局"具有相当的弹性。推论是，私人信任的弹性使得"泛家族化"的交易成本较低，而且私人信任可以通过日常交往得以维护和发展，交易成本也较低。此外，基于亲信的私人信任具有范围适用性，退出或转让只会使之贬值，私人信任很难在市场或正式制度中出现。

可见，在中国传统的文化中，缺乏鼓励人们创新的因素，在人际关系上，讲究人与人的和谐，人与环境的和谐，害怕打破既定的平衡，这样，往往导致人们对创新抱有一种普遍的惰性。中国文化是一种弘扬老年的文化，稳重的人更容易得到周围人的认同与赞许，它要求人掩其锋芒，如俗话所说"出头的椽子先烂"，"木秀于林，风必摧之"，这对创新型的人才产生了莫名的打击。劝导人要安于本分，"不在其位，不谋其政"，这与创新的理念相违背。因此，有必要探究激励员工创新的动力机制，最大限度地激发全体员工的创新激情。

针对中国人"做人"理念及普遍存在的阴柔性格与中庸思维，对创新的激励更要注重环境的营造与内心创新意图的激发。华人文化个人与他人的互动情境中，不仅隐含了个人本身的自我感受，也隐含了他人所给予的外在要求，并且还包括了人际互动的情境影响。个体为了所处情境的和谐性，为在分歧中找出整合的共识，在某种程度上会刻意掩饰某些可能造成冲突的事件，或者透过社会所赞许的价值来解决分歧。此时，如果社会赞许创新的行为，将在最大程上激发起员工创新的动力。因此，适当的组织环境对员工创新的影响很大，包括鼓励创新的组织文化，恰当的人力资源实践激励，以及能让员工放松的、彼此信任的组织氛围。

创新活动天生具有对现实的颠覆力，员工的创新心理过程的形成需要信念的推动力。从以上对中国人行为方式与思维方式的论述可以看出，中国人做事易于反复权衡利弊、观察周围相关人员的反应，而高的组织信任可以较大限度地消除这种举棋不定的情况，促使员工稳定创新心理，提升员工创新的积极性。

工作场所的员工创新行为属于本职工作之外的行为，员工可以选择按部就班地工作，也可以选择创新，以往的很多研究注重外部力量对创新的推动，本书希望通过探索员工创新过程的创新机制，揭开员工创新行为的黑箱。根据以上分析，本研究关注以下三个部分的问题：

（一）在中国情境下，组织信任高，可以减少员工在创新过程中的疑虑与担心，增强员工创新的绩效吗？

（二）组织信任作为一种信念，会稳定员工创新的心理过程，从而提高员工创新绩效吗？

（三）组织文化与人力资源管理实践形成影响员工创新实现的组织环境，有利于组织信任与员工创新之间的关系吗？

二　研究的理论意义

人们对创新的研究一般从国家、区域、企业和个人四个层面展开，一般将创新产生的过程作为黑箱处理。对国家、区域和企业创新的研究集中在创新的衡量、创新的结果、R&D的投入与产出，以及创新与绩效的关系等方面；对个人层面的研究，主要针对个体的创造力进行研究，而企业微观层面针对创新过程的研究不足。

很多研究表明，成功的组织创新是个体、组织和环境各个因素相互作用的结果。一些学者指出，在创新中，除了企业层面的因素可以促进或阻碍创新，个体层面的因素也不容忽视。对于组织而言，唯有通过发挥员工创造性产生新产品、新服务或新流程，才能保持竞争优势。而目前研究大都采用从上而下的方法，关注组织领导人作为变革代理人对组织创新产生的影响，而忽视了组织中较低层级的员工可能对创新产生的贡献。随着社会进步创新不再仅仅是研发部门的专职活动，不再只是企业研发人员的专利，而是扩散到各个部门、各个具体的员工，组织中低层级的员工也能在创新中起到决定性的作用。从研发人员、销售人员、生产制造人员到售后服务人员、管理人员、财务人员等，人人都可以在自己的岗位上成为出色的创新者，例如，海尔、GE 等公司大力推行全员创新均取得成功。因此，只有组织成员广泛参与的创新才易取得成功，通过提高全体员工的创新意识、创新动力、创新效率和创新速度，提高内部的协调和配合能力，才能对市场需求做出及时、准确的反应，提高创新绩效。国内对组织因素影响员工个人心理创新过程的研究也多停留在定性研究阶段，对员工创新绩效的实现机制仍处于概念提出和初步探索的理念性研究阶段，尚缺乏系统、深入的研究。本书通过实证研究，将社会学中相关的信任理论和社会交换理论与管理学理论紧密结合起来，探寻中国员工创新的激发机制。同时，以往的研究往往通过组织成员对工作环境各项因素，如组织氛围、组织文化的主观知觉，研究组织成员创新绩效与组织创新绩效之间的关系，对组织成员参与创新驱动因素关注不够。本书从员工心理角度探究创新绩效的产生，从社会交换的视角出发，认为员工在适宜的组织环境中，会从组织的角度思考问题，不计个人得失，自发地进行创新，如提出改进工作的建议，实现渐进式变革，或者进行突破性的创新尝试。因此，本书的理论意义在于从本土出发，探索在中国转型经济的情境下，组织与个体互动的创新激励机制，探究组织员工创新的意愿与行动，关注的焦点是组织信任对员工创新的影响。

三　本书的实践意义

按照资源基础观，企业拥有的财产物资如果不能流动，不能为企业有效利用并给企业带来效益，则不能算做企业的资源。组织中的员工，在工作中会产生很多好的创意，组织如果不能让这些创意表达出来，付诸行动，形成创新的行为和结果，则无疑将浪费宝贵的人力资源。中国自然资源和资本不算丰富，但却是世界上人力资源最多的国家之一。在创新模式上，如果一味追求研发支出，追求自动化程度的最大化，增强资产专用性，不仅增加了企业沉没成本，降低企业制造柔性，而且不能充分发挥人力资源丰富的优势，这将背离创新的初衷。因此，中国企业在面临资源约束的情况下，将员工创新作为组织创新的动力，是本书的焦点。

本书将组织信任纳入创新的激发机制中，紧密结合中国本土企业的管理实践，在理论研究的基础上，通过问卷调查的方法，进行实证研究，提出激发员工创新的可操作性方案及具体思路，从而有助于提高组织的创新能力，为组织在激发员工创新方面提供有益的帮助。

第三节　总体研究思路、研究对象、技术路线和方法

一　研究思路

本书主要从三个方面分析员工创新的激发因素：首先，分析创新的因素；其次，研究组织因素对员工创新的激发作用；再次，研究组织信任对员工创新的促进作用。

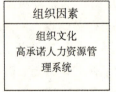

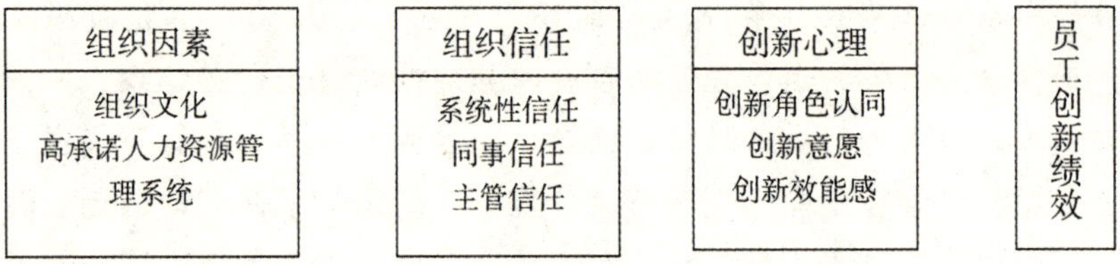

组织因素	组织信任	创新心理	员工创新绩效
组织文化 高承诺人力资源管理系统	系统性信任 同事信任 主管信任	创新角色认同 创新意愿 创新效能感	

图1—2　研究内示意

关键概念界定：

员工创新：指工作场所内个体或群体产生的创意、创意产生的过程以及创意的实施与运用。针对个人的创新，西方大量文献用的是 creativity 一词，指个人或小群体共同工作产生新的实用的主意（Amabile，

1996），强调的是创意的产生。创新（innovation）往往被定义为个人、群体或组织为了自身利益或社会利益有意识地引进和应用新的思想、过程和程序（West & Farr, 1990），强调的是创意的应用。一般来说，创造是一个从无到有的过程，而创新则可以运用以前的经验或其他组织的思想，可以是一个整合的过程，威斯特和法尔（West & Farr, 1990）认为创造是创新不可或缺的组成部分，同时创新还包括了新思想的提出和应用。本书在以下的论述中，创造与创新将交替使用，不再做严格的区分，指工作场所内个体或群体产生的创意、创意产生的过程以及创意的实施与运用。

员工创新绩效：个体在工作场所中发挥自身的创造性，积极参与创新的过程。针对组织的情况，员工自发地从组织角度出发，以创新者的身份，不断地产生新的创意，并能利用一切可以利用的资源，将自己的创意转化为创新实现的过程。简而言之，员工创新绩效是个体在工作场所中发挥自身创造性，积极参与创新过程的具体体现。

员工创新角色认同：从角色认同理论和自我概念理论出发，员工认为自己是组织创新中的一员，应该参与创新，即创新的角色认同（creative role identity）。

员工创新意愿（creative intention）：对创新角色认同的员工，认识到机会总是垂青于有准备的人，往往自觉推进创新绩效的实现；其次是员工自己本身有创新的意愿，想要参与创新，愿意参与创新，即创新意愿。

员工创新的自我效能感（creative self-efficacy）：是员工内心应对创新成功有着坚定的信念，克服过程中的困难，支撑其完成创新的全过程。

组织信任：员工心目中对公司、直接主管及同事的相信程度并愿意基于他人的语言、行为和决定采取相应的行动。

组织文化：具有全面性、历史确定性和社会构念性，它涉及信仰和行为，存在于不同的层次，体现在组织生命特征的广泛范围中。作为一个社会构念，文化存在于社会系统参与者的思想中，通过经理的感知来描述他们公司文化的重要价值、信念或属性是研究组织文化的典型方法。

高承诺人力资源管理系统：一种整体的人力资源管理实践，通过给予员工更多从而得到员工更多的回报，旨在引导员工对组织的承诺。

本研究从以下三个方面依次展开：首先，通过对文献的梳理构建研究理论模型，从逻辑上推导各研究变量之间的关系，并提出相应的研究假设；其次，对概念进行操作化定义，并设计相关调查问卷，进行实证研究；最后，对实证结果进行分析。

二　研究对象的确定

国外对于创新（creativity & innovation）的研究对象选择范围较广，如在校学生、生产企业中的员工、企业中的技术人员、银行职员及研发人员。如泰尼（Tierney, 2004）的研究选择了研发人员，针对一个科研机构的所有工作人员。重点研究工作场所中员工创造性向创新的转化的问题，因此，在选择研究对象时，不仅考虑了企业的多样化问题，也考虑了员工的工作性质。国外的多项研究表明，工作的复杂度与员工创造力的发挥密切相关，因此，在选择研究对象时，没有考虑到工作性质相对单一的员工。

本研究针对研究对象主要是在组织内相对复杂岗位工作的员工，如研发人员、基层管理人员、销售人员及财务人员等，这些员工与一线操作工相比，工作性质较复杂，受教育程度较高，并且具有创新个人特质的基础，他们在组织中的创新作用可以显现。

三　本书的技术路线和研究方法

本书拟研究组织信任对员工创新绩效的影响，以及组织因素对员工创新的激发作用，以员工创新的心理作为中介变量进行研究。本研究综合运用逻辑演绎和实证推理的方法，根据研究内容，试图在较完整的文献回顾基础上，以较强的逻辑说明，提出理论假设，然后再通过实证的方法对其假设进行验证，最后对分析验证结果进行讨论并提出建议。首先，进行相关文献的收集、整理，对国内外最新的研究成果进行分析。在文献全面回顾和总结的基础上，充分吸收前人的研究精华，结合中国的实际，提出研究问题、研究目标及研究范畴。同时，通过逻辑演绎的方式，构建研究框架，找出员工创新的激发因素，提出相关的研究假设。通过合理抽样来获得足够的样本数据，并选择合适的统计分析技术对数据进行处理，分析统计结果，验证员工创新绩效与组织信任之间的关系，以及组织文化、人力资源管理实践对员工创新绩效的作用。

根据研究内容，具体研究步骤如下：

1. 理论推演：广泛涉猎中外文献，搭建理论平台；

2. 建立模型，提出假设：在文献回顾和现状调查的基础上，通过理论推演探索企业信息技术是如何对新产品开发绩效产生影响的，并提出研究模型和假设；

3. 量表编制、检测和完善：先进行试调查，对量表进行检测、完善，然后选取多样化的企业进行大规模的问卷调查；

4. 数据处理与分析；

5. 对假设进行检验与验证；

6. 结果分析与讨论：对假设检验结果进行分析与讨论，并提出实践应用的相关对策建议。

第四节 研究的创新点

1. 从组织因素与个人因素两个方面研究员工创新绩效的激发机制是本研究的一大创新点，将组织文化与人力资源管理实践相结合，两者共同作为组织因素研究员工创新绩效的激发机制。人力资源管理实践是典型的组织行为，是组织正式制度的实施形式；组织文化是存在于组织内的非正式制度，以两者作为调节变量，共同研究组织行为对员工创新绩效的激发作用。本研究对员工的创新绩效进行跨层次的研究，在方法上具有一定的创新性。

2. 运用社会交换理论，将组织信任应用于中国情境下工作场所中的创新绩效研究，以找出对中国员工创新绩效产生影响的因素。同时，通过本研究，对这个心理过程进行实证分析，完成从提出理论假设到实证检验，再升华为理论的完整研究。

3. 探究个体创新心理在员工创新与组织信任之间的中介作用。国内对个体创新的研究主要在教育领域开展得较多，如研究对学生创新能力的培养；方法上，国内外以实验的方法较多，通过本研究的实地调查及选取典型案例相配合的研究，可以得到更接近真实的研究成果。本研究将直接面对企业，对工作场所的创新绩效直接进行研究。

第五节　结构安排

本研究共分八章，各章的内容安排和逻辑关系如下：

第一章，研究问题的提出，阐述本研究的理论意义和实践意义，对本研究中涉及的关键概念进行相应的界定，并提出本书的总体研究思路、技术路线和方法，以及创新之处，同时确定本研究的章节安排。

第二章，通过文献回顾，奠定本研究的理论基础，对现有的研究成果进行梳理，找出其最新发展的脉络，指出以往研究成果对本研究的贡献和启迪，为下一章提出理论框架奠定基础。

第三章，分析了员工创新的激发因素，指出在中国的环境下，组织信任对受儒家文化熏陶的知识型员工创新的内在激励作用，同时对相关的组织因素影响作了剖析，构建出本研究的基本框架，提出相应的研究假设，并对本研究的总体设计进行相应描述。

第四章，实证研究描述部分，主要包括建构概念的可操作性定义，量表的选取，调查问卷的设计，样本选择，数据收集过程说明。

第五章，运用相关的统计方法，对样本进行描述性统计分析、问卷信度和效度的检验。

第六章，数据处理结果对研究假设的验证。

第七章，结果分析与讨论部分，对模型中经过验证的假设进行相应的分析，并据此提出相关建议。

第八章，总结本研究的贡献与不足，并对未来研究的方向进行展望。

第二章 理论依据与文献综述

本章首先对与本研究相关的基础理论进行梳理，包括社会交换理论、计划行为理论、理性选择理论、不对称信息下的信号理论、角色理论、自我效能感、组织信任、组织文化及人力资源管理实践等相关理论，为本研究提供一个基础的理论背景，继而对员工创新领域的研究现状、最新进展进行系统归纳与总结。

第一节 社会交换理论

社会交换理论的主要代表人物是乔治·霍曼斯（Homans）和彼得·布劳（Blau），他们提出，社会行为有赖于相互强化而得以持续发展，社会交换指的是存在于人际关系中的社会心理、社会行为方面的交换，其核心是"互惠原则"。概括起来，社会交换理论可以用一个公式来表明（周建武，2007）：报酬（reward）－代价（cost）＝价值（outcome）

对人们来说，受到奖励意味着具有正价值，受到惩罚则意味着具有负价值。正价值越高，人们越有可能实现该行动，负价值越高，人们越有可能中止该行为。如果双方所得到的价值都是正向的，则关系将持续下去；如果双方或一方所得的后果是负向的，彼此之间的关系将出现问题。"代价"与"报酬"不仅仅包括物质的东西，而且包括精神的东西，成本可能是体力上与时间上的消耗、放弃享受、忍受惩罚和精神压力等，报酬也可能是心理财富（如精神上的奖励、享受或安慰等）与社会财富（如获得身份、地位与声望等）。报酬分为内在奖励和外在利益。内在奖励是一种感情上的奖励，是一种关系上的满足；而外在利益是把人际关系作为谋求其他利益的手段。

　　可见，按照社会交换理论，人们所追求的大部分报酬只能来自与他们互动的其他社会成员。社会交换理论试图通过研究互动与交换来解释社会行为。人们的共同价值观是社会交换成立的必要条件，进入社会交换需要有一种得到大多数成员公认的代替人际吸引力的交换媒介，共同价值观规定人们在获得奖励后必须回报的义务，并为交换是否公平提供判断标准，约束人们的行动，促进社会整合。从广义上说，社会交换可以被看做群体与个体关系、权力分化与伙伴群体关系、对抗暴力时冲突与合作、互不接触的社区成员之间相互关联的基础。从狭义上说，社会交换是指"人们的自愿行动，他们的动力是由于从别人那里可以得到并且一般也确实得到了回报"。如果个体之间经常施惠却不期望接受明显的回报，只是为了表现他们对人际关系的责任感，并通过鼓励别人的更大责任感而保持这种责任感，这仍然是一种交换。也就是说，社会交换关系依赖相信自己对他人的投入可以获得正向回报。布劳（1964）认为社会交换最关键的问题是证明自己值得被依赖，信任在社会交换中具有重要意义，由于信任的存在，社会交换成为一种长期、稳定的关系，而不是一种"限时现报"的即时关系。

　　翟学伟（2003）认为，中国社会是一个情理社会，人情往来就是社会交换的一种，人们不追求利益的最大化，但并不表示他们在人情交换中没有利益。费孝通（1985）指出，亲密社群之间的团结性就依赖于各分子之间相互拖欠着未了的人情。在偿还人情债的时候完成了互惠关系，这是一种相互依赖的社会交换表现形式。

　　因此，社会交换理论为本研究提供了最基本的理论支撑：在社会交往中，个体是通过相互信赖彼此联系，相互信赖关系在组织中是一种基本的关系，以相互信任为基础的互惠可以在正式管理层级中发生，也可以在同级中发生。任何对社会行动者而言有价值的东西（如尊重、友谊，或者在紧急事件中的快速服务）都能作为交换媒介。在复杂组织系统中，员工置身于多种联系，从不同的人那里获得或支付报酬，报酬的时间选择、报酬方式与大小选择均不确定。在员工与组织日常交互活动过程中，形成的组织信任，为社会交换关系的循环提供了必要的条件，员工创新是个体在社会交换中付出的成本，而对于组织来说，则是其获得的价值。

第二节　创新心理过程的相关理论

一　计划行为理论

关于行为产生的机制，前人进行了很多研究，形成各种理论，计划行为理论自提出至今 20 多年来，得到了长足发展，为解释行为的影响提供了一个较完整的框架，在心理学领域、教育学领域、健康保健领域及管理学领域均有较广泛的研究。

计划行为理论（theory of planned behavior）被广泛用于解释人类的各种行为过程，是人类决策过程的社会心理学理论，它从信息加工的角度，以期望价值理论（expectancy-value theory）为架构，揭示了"信念"、"态度"、"意图"与"行为"的关系，认为行为的影响因素可分为三个层次：信念及相应的后果影响相应态度，态度通过意图引发行为，见图 2—1：

图 2—1　计划行为理论模型图

The Theory of Planned Behavior（Ajzen，1991）

图 2—1 中，从态度到行为是通过"动机"（行为意图）联系的，"行为意图"是计划行为模型的核心，它反映个体从事某特定行为的动机力量，表示人们在计划实施某特定行为中愿意付出的努力程度，是重要的行为预测指标。行为意愿由个人的内在因素如态度，外在因素如规范，以及机会因素如感知行为控制共同决定，而各因素预测意愿的相对重要程度则取决于行为类型及情境的差异（Hagger M. S.，Chatzisarantis，N.，Biddle S. J. H. 2002）。

态度、主观规范和感知行为控制由对某种行为所可能导致的某些结果的重要信念共同决定：行为信念和结果评价决定了态度；规范信念和依从动机决定了社会规范；控制信念和发生强度决定了感知控制。行为信念是对某行为产生相应结果的信念，行为结果评价是对此行为所导致这些结果的评价；规范信念是对于重要团体和个人认为应不应该采取此行为的看法，依从动机指依从每一个重要的团体或个人期望的动机；控制信念指对可能促进或阻碍行为实施的因素的控制信念，发生强度是这些因素发生次数的频度和强度。主观规范指个体在决策是否执行某特定行为时感知到的社会压力，是个体对重要的他人认为个体应该或不应该从事某一行为的感知，反映了重要他人或团体对个体行为决策的影响。主观规范受规范信念（normative belief）和顺从动机（motivation to comply）的影响。"规范信念"是指个体预期到重要他人或团体对其是否应该执行某特定行为的期望；顺从动机是指个体顺从重要他人或团体对其所抱期望的意向。而感知行为控制指个体感知到执行某特定行为容易或困难的程度，是个体对促进或阻碍执行行为因素的知觉，反映了个体在采取此行为时所感受到的自己可以控制（掌握）的程度。知觉行为控制的组成成分也可用态度的期望价值理论类推，它包括控制信念（control beliefs）和知觉强度（perceived power）。控制信念是指个体知觉到的可能促进和阻碍执行行为的因素，知觉强度则是指个体知觉到这些因素对行为的影响程度。

可见，态度、主观规范和感知的控制行为由一系列的价值信念决定。阿米特杰（Armitage，2001）等的元分析结果表明，行为意愿、感知行为控制与行为的平均相关系数分别为 0.47 和 0.37。计划行为模型在理性行为模型的基础上引入行为控制变量后，行为意愿只可以解释一定比例的行为变异。感知行为控制不仅可以预测行为意愿，也可以直接预测行为。近些年更多的研究者通过因素分析发现，知觉行为控制的测量项目分别负载在两个因素上，一个因素与完成行为能力的信心有关，另一个因素与行为控制有关。一些学者认为前一因素反映的是内部控制信念，后一因素反映的是外部控制信念，阿桂仁（Ajzen，2002）认为这样理解不太合理，他更倾向于认为前一因素反映的是自我效能感信念，后一因素反映的是控制信念，并曾将两因素分别命名为自我效能感和控制力，由于感知行为控制与自我效能的概念存在很多相似之处，许多研究使用自我效能替代行为控制（Bandura，1992）。

本书以此探究员工创新行为发生的内在机制，认为创新行为之所以发生，形成创新绩效，是由创新意愿所导致，而员工的创新意愿受员工的创新态度与感知的对创新行为的控制的影响。创新的态度是员工对自己是创新一员的角色认知，感知的创新行为控制根据前人可研究，可用创新效能感来进行替代性研究，组织信任是促进员工创新的一个重要信念。

由于忽视意愿—行为关系间的调节因素和转化的心理过程，计划行为模型的解释力受到制约。因此，已有理论工作中相当一部分集中在弥补意愿和行为间的缺口上。按照自动调节理论（self-regulation theory）的实施意愿概念，认知行为控制作为调节意愿和行为间差异的变量被引入模型，大量的实证研究证实了它在行为意愿向实际行为转化过程中的效用。研究人员提出认知行为控制调节着实施意愿和行为间的关系（Rise J.，2003）。总之计划行为理论不仅可以用来解释和预测行为，还能用来干预行为。该理论能够提供形成行为态度、主观规范和知觉行为控制的信念，而这些信念是行为认知和情绪的基础，通过影响和干预这些信念，可以达到改善甚至改变行为的目的。近年，研究者的研究兴趣转移到探讨行为与行为意向之间可能存在的认知机制上，表现为行为的执行意向（implement intention）。组织中，组织文化因素与人力资源管理政策等因素是个人意志无法完全控制的，个体对其的感知属于认知行为控制。本研究引入组织文化与人力资源管理实践作为行为意图与行为之间的调节变量，试图探究意图转化为行为的推动力量。

二　创新自我效能感的研究

自我效能感是美国著名心理学家班杜拉（Bandura）最早于1977年提出来的一个概念，已成为社会认知理论和社会学习理论中的核心概念，系指"个体对自己具有组织和执行达到特定成就的能力的信念"，是人们对自身完成某项任务或工作行为能力的信念，以及对自身完成任务能力与信心的综合性评价。它强调的是人所具有的主观能动性，是个体对自己能力的一种主观感受，指自己能否利用所拥有的能力去完成工作行为的自信程度，而不仅仅是能力本身。自我效能感的作用主要表现在以下方面：（1）行为选择；（2）努力程度及坚持性；（3）应对方式及情绪反应；（4）预测绩效和应对行为。

目前对效能感的研究，已经延伸到具体领域。在组织行为领域，发展出了领导自我效能感、管理自我效能感和创新效能感。创新效能感是自我效能感在创新领域中的具体应用。泰尼和法摩（Tierney，Farmer，2002）等国外学者针对创新效能感在工作场所的应用做了开创性研究，将自我效能感与创造力理论结合，提出了"创新效能感"（creative self-efficacy）概念，专门针对工作场所创新方面的效能感。创新效能感指个人对于所从事的特定任务是否具有产生创新行为的能力与信心的评价，反映创新活动中的个人对自己表现出的自我信念或期望，是产生创新绩效能力的信念。他们的研究发现，创新自我效能感不仅与创新活动正相关，而且对个人的创新行为及表现有良好的预测效果，当个人从事创新活动遇到困难时，创新自我效能感能够帮助个体持续努力创新，形成促进其达到目标的内在动力机制。

泰尼与法摩（2002）认为创新自我效能感可从以下四个方面加以概括：能产生新的想法；对创新性地解决问题充满自信；有帮助其他人完成新主意的技巧；能发现解决新问题的办法。据此，开发出测量创新自我效能感量表，具体使用 Likert 七点量表，包括四个条目：（1）我认为我擅长贡献新的创意；（2）我对自己创新地解决问题的能力很自信；（3）我可以想办法使其他人的创意更完善；（4）我很擅长用新的办法解决问题。国内学者开始关注中国员工在工作场所的创新自我效能感的形成、测量以及影响。但是，针对创新自我效能感的诸多相关问题尚有待进一步研究，如创新自我效能感与创新绩效的内在机制是什么；在员工创新自我效能感与组织创新绩效之间有什么关系，存在一些什么样的中介变量；创新自我效能感与员工职业生涯管理以及男性、女性的关系是什么，以此展开探讨员工参与创新的黑箱；创新自我效能感与创新者的特质存在什么关系，研究创新的胜任力模型。特别地，中国员工有其自身的特点，应开发出针对中国员工的创新自我效能感的量表，并比较与国外量表的差异。

（一）影响创新自我效能感的因素

概括地，影响创新自我效能感的两大因素是结果预期与效能预期。结果预期指个人对某一行为会导致某一结果的期望，比如因表现出优异的创新行为而得到期待的社会赞赏、奖品和自我满足等，是一种个人对结果的期望；而效能预期指个人对本身能否完成某一行为的能力的期望，例如，个人有信心可以完成某项创新。个体的行为反应受到个人的信念、行为和环境三者相互作用的影响，自我效能感在三者的互动过程中扮演着关键性角色，班杜拉认为自我效能感会影响个人对任务的选择、努力、坚持度等行为。社会认知论则指出社会、环境等因素会对个人效能感产生影响，为了提高自我效能感的预测效果，须针对特定社会、环境及任务领域进行研究。研究认为，影响一般自我效能感的判断因素，主要有过去成功的经验、相似的间接经验、口头说服、生理和情绪等个人状态、个体感知到的工作难度、努力程度、外在环境的帮助、成败归因以及与模范的相似度等。泰尼与法摩（2003）以584名蓝领工人和158名高新技术行业的白领人员为样本，进行了实证研究，认为有如下几个因素影响员工创新自我效能感：领导的支持、工作自我效能感、工作复杂度、教育年限和相关工作年限等。

领导的支持对员工创新自我效能感的形成具有强化作用。朱仁等（Drazin，1999）认为任何个体的创新都不会孤立地独立于他所处的社会，员工会根据任务环境相互之间搜集有用的信息来构建自我效能感，强化对其能力的认知，决定他们的创新行为，因此，领导的行为对员工效能信念的塑造起着重要作用。依据自我效能感的理论可知，领导可以通过自己的行为，直接鼓励员工的创新行动；也可以为员工设立创新的目标，鼓励其完成；通过表彰参与创新的员工，使其他处于相似地位的员工获得相似的间接经验，产生"彼能是，我何不能是"的努力心理。同时，领导通过不断地口头表扬与宣传，表明领导对员工创新能力的信任、对员工创新的赞赏态度，因此，能强化员工创新自我效能感。同时，在创新过程中，员工可能缺乏创新成功的必要信息和资源，而领导必要的支持，可使员工无后顾之忧，对创新成功的信心增强。

工作自我效能感与创新自我效能感呈正相关的关系。以往对自我效能感的研究多认为先前成功的经历对自我效能感有着正向影响，阿姆贝尔（1996）的研究认为，创新能否成功与员工在特定领域的工作经历正相关。创新是工作的要求，是显示工作场所创新重要性的一个维度，工作场所中的创新与相关的工作相关，是不是创新也要由专业人士认定，创新行为的实现由员工拥有的资源、自身的技能及当时的环境共同促成，创新与其工作密切相关。工作效能感是员工对他是否能全面完成工作的自我能力判断，与创新自我效能感以创新为中心相比，它是工作场所中更完善的一个概念，是员工对能否完成工作绩效的完整表达。班杜拉（1989）认为某一具体的自我效能感不会孤立地存在，它必然和相关的自我效能感构成个体完整的自我信念。个体的工作自我效能感高，他完成工作的自信心较强，同样，对于需要在工作中创新性地解决问题的信心也较强，相应地，其创新自我效能感就会较强。

工作复杂度与创新自我效能感相关。研究者很早就发现，工作设计对员工的内在激励和创新绩效起着重要作用，特别是复杂的具有挑战性的工作，如需要较高的技能、反馈度高以及较重要的工作等，相比那些简单的、常规的工作，更容易产生较高水平的激励和创新。格丝特（Gist，1992）等认为，员工会因为其参与的工作的复杂程度来判断其能力，完成任务越复杂，对自己的能力评估越高；同时，与从事简单的工作的员工相比，从事相对复杂工作的员工，更需要不断有新的创意来解决出现的问题，当工作相对复杂和具有挑战性时，个体在工作中激情较高，愿意积极参与到工作中并投入更多创造性的活动，有助于作出更多的创新。泰尼与法摩的研究发现，复杂工作不仅与创新相关，更与创新自我效能感紧密相关，他们通过实证研究认为，从事相对复杂的工作的员工，创新自我效能感会较强。

而工作年限通过工作复杂度对创新效能感产生双向影响：从事复杂工作的人员，工作年限越长，其创新自我效能感越强；从事简单工作的人员，工作年限越长，其创新自我效能感越低。复杂的工作，需要员工不断地学习，不断地想办法解决工作中出现的问题，通过反复的磨炼，他们的创新意识和创新技能得到提高，相应地，创新自我效能感也日益增强。从事简单工作的员工，日复一日地做着相同的事情，日积月累，几近成为机械运动，在单调乏味的工作中消磨了创新意识与创新的自信，因此，创新自我效能感反而随着工作年限的增长而下降。

在自我效能感的形成过程中，知识和个体因素是相对稳定的因素，它们是员工个体所能提供的资源，尽管工作经历和相应的知识也会成为一种路径依赖。但是，福特（Ford，1996）的研究发现，正是基于先前的经历和知识，员工才能发现工作中的诀窍和细微差别，在工作中更有创新的自信，知识与先前成功的经历一样对创新信念起着积极的影响。员工对任务的熟悉会产生很多习惯性的绩效，但也正因为对任务的熟悉，员工在完成特定任务时，工作技能和活动得到精确的反复练习而放大了获得创新绩效的机会。因此，泰尼与法摩提出用员工受教育年限和工作年限一起测量员工的知识与经验，发现它们与员工创新自我效能感正相关。

由于创新效能感的概念率先由泰尼与法摩等提出并做了相关的研究，因此，目前对创新自我效能感的影响因素主要来自他们的研究，针对创新自我效能感的其他影响因素的研究还有待展开：如民族文化对其的影响，特别的，中国人普遍拥有的中庸思想，对工作中的创新自我效能感会有什么影响；在中国重视关系的社会，为维护和谐的氛围，犬牙交错的关系会对创新自我效能感有影响吗？在"枪打出头鸟"、"出头的椽子先烂"这样的潜意识文化环境下，员工的创新自我效能感又受到什么影响？另外，组织文化对员工创新自我效能感的作用机制是什么？如何利用研究出的影响因素培养员工的创新自我效能感？这些问题还需要进一步地进行规范与实证的研究。

（二）在管理领域的应用

创新自我效能感的概念自提出后，在员工创新领域的研究中得到了应用，如作为创新心理过程的一个变量、作为创新自我概念的一个维度以及作为员工创新潜能的组成部分等加以研究，为打开员工创新的黑箱提供了有用的工具。

首先创新自我效能感作为创新心理过程的一个变量。金（Jin, 2004）利用行为规划理论，将创新自我效能感与创新意愿两个变量构造了员工参与创新的心理过程，他认为，这个隐含在员工内心的心理过程指引着个体在特定环境下用创新的方法解决问题。他以创新心理过程作为中介变量，研究了个体因素与社会情境因素通过对创新心理过程的影响最终对创新绩效的影响，通过对创新自我效能感和创新意愿的激发，个体更愿意参与创新，创新绩效得到提高。其中，个体的激发因素包括内因、外因的激励，内因指具有创新性的个人特质和参与创新的能力，社会情境因素包括领导的支持和团队开放的环境。研究将焦点放在过程上，创新的自我效能感作为创新心理过程的一部分。解释了个体与情境因素对创新心理过程的影响，试图透过心理过程这个机制说明个体参与创新的动因。

但是，首先，金（Jin, 2004）选取的研究样本是学生，作为工作场所员工参与创新的研究，则代表性不够强，还需要对工作场所的员工以及工作情境加以进一步研究；其次，金的创新心理过程仅选取了创新自我效能感和创新意愿两个变量，只有自信和意愿的创新心理过程不足以完整、全面地概括员工参与创新的心理过程。

其次，创新自我效能感作为创新自我概念的一个维度。马姆弗得（Mumford，2002）的研究认为，创新者内心存在一套核心的自我概念，引导他们不断做出创新的努力。将创新的自我效能感与创新的角色认同进行整合，共同构成创新的自我概念。创新的角色认同指员工认同自己是组织中创新的一员，因此，创新的自我概念就是员工不仅对自己在组织中的创新角色认同，而且有信心完成创新，这样的自我概念指引员工参与组织的创新，并取得创新绩效。创新自我概念的提出，丰富了创新理论，为研究工作场所创新行为的发生提供了新的视角。

再次，创新自我效能感作为员工创新潜能的组织部分。根据人力资源理论，员工潜在的创新能力是企业可供开发的资源。工作环境中如果拥有创新潜能的员工不把其创新的才能转化为创新的行动，则形成组织重要的未开发人力资源。因此，组织为了能确实得益于这些资源，必须不断地甄别它们，并且采取有利于这些资源开发利用的措施，如提高员工技能、工作满意度以及降低离职率等。员工的创新潜能可以通过员工感知到的组织支持创新而转化为创新的实践。楚迪将创新的潜能界定为个人对创新能力的感知，由创新的自我效能感和创新的才能及先前创新经历共同衡量。这样，创新效能感镶嵌于创新的潜能中，概念显得更丰满，为员工参与创新的机制给出了资源基础观的解释。

三　角色认同理论

员工的创新角色认同，是自我概念理论和角色认同理论在研究工作场所中创新绩效的具体体现。从角色认同理论来说，自我角色认同是对自我的一种评价观点，对自我特殊角色的认定和理解，是个体所感知的在他人面前的表现，以及个体对自我在他人面前表现的一种判断，员工这种自我形象的建立有助于组织中创新的实现，个体对创新的自我形象判断越强，参与创新的积极性越高。前人大量的研究也证明，创新性人才的自我角色认同对创新有着重要的影响。

按照心理学解释，个体如何看待自身以及个体想让他自己成为什么样的人，在很大程度上决定了个体的行动。一种特殊的角色认同有助于个体员工进行特定的活动，他们可以根据对自己的角色认同来做出各种价值判断，并进行不同的活动，当一种特殊的角色与个体的感知或者认同紧密联系时，个体的行为就会根据角色的要求来调整，从而获得对角色的进一步认同，也就是说，个体的角色认同激励角色任务的完成，个体的角色认同度越集中，则其越愿意完成与角色相匹配的相应的角色任务，工作绩效较高。因此，员工的创新自我角色认同能帮助员工对自我参与创新有明确的认识，并通过不断地参与创新来强化这种角色的认同。

同时，角色认同对行为的刺激作用与环境相关。如果情境中设定了相关的角色，并可以从情境中得到对角色行为的支持时，人们才愿意修正自我的角色想法和角色行为；如果情境中并不认同某一个角色，也不认为与角色相关的行为对组织有价值，个体不能从角色的认同中得到应有的保护和承诺，则角色的认同者就会感到威胁，感到行为无意义，这样，个体将可能会避免完成相应的角色任务。也就是说，员工的角色认同需要得到有益的正反馈，才能得到强化。员工只有预期其创新绩效能得到相关人士和部门的认可，才会积极参与创新，如果他发现其创新绩效可能得到负面的反应，就可能避免参与创新。发现员工的创新角色认同与员工创新绩效密切相关，受到可感知的组织创新价值观影响，组织存在创新的价值观，对创新的认可度高和创新氛围较好的话，员工的创新角色认同则强，创新绩效就佳，反之亦然。

角色是在任何特定场合作为文化构成部分提供给行为者的一组规范，它体现在一定的场合之中的。而角色作为一种文化构建，是人们的一整套权利、义务的规范和行为模式。因此，角色由社会文化塑造，角色表演是根据文化所规定的"剧本"进行的。员工创新的角色认同本身受到同事对其创新角色的认可程度、员工自己对过去创新绩效的认知和评价，以及支持创新的组织文化价值观影响。

四　组织成员创新心理研究评述

工作场所的员工为什么会选择创新？他们参与创新的内在动力是什么？什么因素可以激发员工创新？对此问题，中外研究者从各个角度做了分析，如从代理理论出发，认为员工是创新的代理人；从权力理论出发，认为员工参与创新是为了获得权力；从社会网络出发，认为员工创新是社会网络中的一部分；从员工的特性出发，如对员工认知方式、个体特质以及智力因素进行研究；也有从环境的影响因素出发，对创新实现问题做出回答；从员工参与创新的心理因素出发，对相关的干预因素和情境因素进行研究。本研究将重点探究员工参与创新的心理过程，因现有的文献对员工创新的心理过程研究往往只是关注某一方面，没有进行系统描述，本书对文献中关于员工创新的心理研究加以分析、整合，总结出员工创新的心理过程的三个方面：即创新角色的自我认同、创新意愿和创新自我效能感。

行为受自我选择和外部任务要求的影响，而且，行为的决定更多地是一个自我管理、自我决定的过程，比如员工可以决定自己是否要创新，他内心的动力驱使他去创新并期望获得成功。很多文献对这种内心的动力与相关的环境因素做了研究，但往往只注重某单一心理因素的研究，各种关于员工参与创新的心理分析散见于文献中。经过对前人研究的分析，归纳、总结出员工参与创新的心理逻辑过程：首先，从角色认同理论和自我概念理论出发，员工认为自己是组织创新中的一员，应该参与创新，即创新的角色认同（creative role identity），对创新角色认同的员工，认识到机会总是垂青于有准备的人，往往自觉推进创新绩效的实现；其次，员工自己本身有创新的意愿，想要参与创新，愿意参与创新，即创新心理的第二个维度：创新意愿，这样，员工才能自觉地、自发地在工作中捕捉到思想的闪光点，抓住创新的机会；最后，员工内心应对创新成功有着坚定的信念，克服过程中出现的困难，支撑其完成创新的全过程，这就是创新的自我效能感。这三个方面最终形成了一个完整的创新心理过程：因为"我是"创新的员工，所以"我要"参与创新，并且"我能"创新成功。三者缺少任意一个都不能形成对创新的完整心理支持过程，并有可能影响员工创新行为的实现。（见图2—2）

（一）创新的角色认同："我是"

角色理论可以很好的解释角色行为及规律，在长期的社会生活中，人们通过互动来明确自己所处的位置，一个人的社会角色首先要有一个确定的过程，即角色认同，以此来证明其实际地位、身份能力及其他条件是与他所承担的角色一致的、等同的。费特（Foote，1951）认为，认同作为一种推动的力量，不仅推动了特定行为（与特定角色认同相关），而且赋予行为以意义和目的。认同使得个人能够预测和控制社会现实的性质，社会因此而得以发展。许多研究都显示角色认同是对多种行为的有效预测因素。角色认同在一定程度上确实导致了过去行为，而

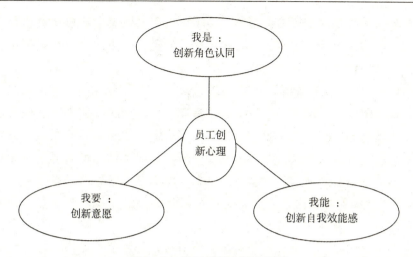

图2—2　员工创新心理过程图

另一些变量，如个人行为准则、期待等因素会增强角色认同，继而也会影响未来持续的行为。

总之，研究中以员工角色认同为单因子，验证了员工创新角色认同与创新绩效的正向联系，而对员工创新这样一个具有复杂性维度的概念来说，这并不能完全描述员工创新心理的全过程及创新的实现机制，还有其他方面的影响。

（二）创新意愿："我愿"

行为规划理论指出，感知到行为可控制性和行为的主观意愿是决定人类行为的两个关键因素。主观意愿实际上就是个体对行动的原则、态度和可控性的主观表达；感知到行为可控制性指个体认为任务可以完成的控制度，通过特殊激励可以指向特定行为的程度，这将在下一节"创新自我效能感"中说明。

金（Jin，2004）将创新意愿定义为在一定情境下，个体愿意进行创新的动机与创新愿望的强度，即为了完成特定的任务，人们愿意尝试的愿望以及做出努力的强度。如果员工进行创新的动机强烈，则他会克服困难，实现创新的愿望，否则，如果员工只是认为创新是工作中可有可无的举措，甚至只愿意按部就班地工作，没有丝毫创新的意愿，则不会有创新绩效产生。

在不同的情境下，员工会表现出不同的创新意愿，创新意愿受到个人和外部环境等诸多因素的影响，员工个人影响因素主要包括员工个人的创新潜质、个性、创新的能力和内在的激励，环境因素主要有领导的支持和开放的团队环境。

（三）创新自我效能感："我能"

根据阿侍仁的计划行为理论，可感知的行为控制（如效能感）是人类行为的动因之一，他所指的行为的可控制性也指感知到的完成行为的难易程度，可以说是员工对创新成功的信心，如果员工对创新成功抱有坚定的信念，则他认为创新绩效更可控，就愿意参与创新。泰尼与法摩（2003）也指出，创新的产生需要内在的支持力量，用来激励个人坚持行动的意向，并转化为从事创意工作的自信心，当个人对创新活动怀有较高的信念时，会促使他乐于从事创新活动；而当个人对创新的产出预期较低时，则会抗拒创新绩效，出现较差的创新绩效。这种对自身完成创新任务能力与信心的综合性评价，就是个体的创新自我效能感。"创新效能感"，指个体对于所从事的特定任务是否具有产生创新行为的能力与信心的评价，反映创新活动中的个体对自己表现出的自我信念或期望，是产生创新绩效能力的信念。当个体从事创新活动遇到困难时，创新效能感能够形成使个体持续努力，达成目标的内在动力机制。它涉及的不仅仅是能力本身，而是自己能否利用所拥有的能力去完成创新行为的自信程度，是个体对自己能力的一种主观感受，而不是能力本身，特别强调人所具有的主观能动性，直接影响人们的思维、动机与行为，对个体创新行为选择、努力程度、坚持性、应对方式、情绪反应和预测绩效等方面具有作用。

总之，根据社会认知理论、自我概念理论、自我认同理论和行为规划理论，员工参与创新具有三种心理：组织成员创新角色认同、创新意愿和创新自我效能感。从自我概念理论来看，组织成员创新的角色认同和创新自我效能感共同形成员工创新的自我概念，从行为规划理论来看，组织成员的创新意愿和创新自我效能感对员工创新绩效起着关键性的作用，因此，组织成员创新角色认同、创新意愿和创新自我效能感实际上构成了员工参与创新的心理支撑，它们遵循着"我是、我要、我能"的内在逻辑，共同促进员工创新绩效的实现。

组织只有明确员工的心理过程，才能从员工创新心理过程出发，采取相应的对策对员工的创新进行激发。首先，要明确组织中有什么类型的员工易参与创新，强化他们对自己创新角色的认同感。其次，找出员工参与创新的动机及影响因素，对其创新意愿进行正向引导，对其参与创新的效果积极反馈。在员工参与创新的过程中，领导应通过各种手段推进创新，对员工创新过程中遇到的问题及时解决，并用成功的创新经验帮助员工树立起创新的自信，增强员工创新自我效能感。

第三节　组织信任理论

一　信任

信任是个体对他人良好的愿望和预期，相信其他人会做有利于自己的事，是人类社会最古老的一种社会关系的形式。社会学、心理学及管理学等诸多学科都对信任从多个角度进行了研究，如张维迎（2002）从法律角度对信任的基础进行了阐述。彭泗清（1999）从社会学的角度出发，阐述了信任的建立机制，他认为应该从关系运作与法制两个方面入手。

在学术界对信任的定义还未达成共识，存在多种定义，影响较大的有以下几个：普林特斯（Politis, 2003）认为信任是交往双方对于彼此都不会利用对方弱点的信心。从这个定义可以看出，信任是一种有信心的行为。麦卡利斯特（McAllister, 1995）等从信任方的正面期望出发，认为信任是个体对他人的相信程度并愿意基于他人的语言、行为和决定采取相应的行动。信任是当个体收益依赖他人并且此收益存在风险时，个体对他人影响自己收益的预期和假设。卢梭（Rousseau, 1998）认为信任是一种心理状态，他将信任定义为在信任者预期对方行为积极的基础上，愿意与被信任者维持某种关系，并接受由这种关系带来的风险。迈耶（Mayer, 1995）等认为定义信任的关键要素是变得脆弱的意愿和正面期望，认为信任是一方在有能力监控或控制另一方的情况下，宁愿放弃这种能力，或者是一方不顾监督或控制另一方的能力，仅基于另一方会执行一项对于自己而言很重要的特定行为的期望，从而使自己处于弱点暴露、利益有可能受到对方损害的状态。也有很多学者从信任者的视角出发，认为信任是对被信任者能力的判断。

从以上信任的定义分析，我们可以看出信任包含以下几个共同的要素：第一，信任可以存在于个体与个体之间、个体与群体之间，以及组织之间。它是信任方和被信任方双方共同作用的结果，缺少任何一方，信任将无从产生。第二，信任源于信任双方的相互作用，是信任双方相互影响的动态过程。不同的时间、情境下，信任方对被信任方的心理预期及其承担风险的意愿会发生变动，从而影响信任的程度。第三，信任的产生基于正面的心理预期。当信任方预期被信任方的行为有利于自己时，信任才可能产生，即信任与否取决于信任方对被信任方行为的正面预期。第四，信任者主观上有接受风险的意愿，即变得脆弱的意愿。由于信任方不具备监督和控制被信任方行为的能力，被信任方的行为与信任方的预期可能会相背离，从而使得信任结果变得不确定，导致风险的存在，也就是说，信任意味着信任方愿意承担风险。

　　本研究采用迈耶（Mayer, 1995）等学者的定义，同时考虑变得脆弱的意愿和正面的期望，信任是一方在有能力监控或控制另一方的情况下，宁愿放弃这种能力，或者是一方不顾监督或控制另一方的能力，仅基于另一方会执行一项对于自己而言很重要的特定行为的期望，从而使自己处于弱点暴露、利益有可能受到对方损害的状态。

二　组织信任的定义

　　近年来，研究者和管理者越来越重视组织信任的研究，认为组织信任是一种非常重要的社会资本，会对整个组织和组织中人的行为产生巨大的影响，而且不需要改变组织的生产流程，仅仅通过在组织中营造一种信任的文化环境就能提高组织的生产力。

　　组织信任与信任一样，几十年来，研究者提出了各种不同的定义，影响了对这一概念的理解与分析，同时也导致了对信任问题研究的不同取向。目前，对组织信任的研究主要在组织内的信任和组织间的信任两个层次上。多尼和坎农（Doney & Cannon, 1998）则认为组织信任是发生在组织水平的信任，如查希尔（Zaheer, 1998）描述组织信任是组织成员共同拥有的对伙伴公司的信任导向的程度，研究中主要表现为公司间的信任。吉伯特（Gilbert, 1998）认为组织信任是员工心目中对组织持有的信心和支持的情感。在研究中主要表现为员工对主管、高层经理或公司的信任。Hwee 和 Tan（2000）指出了针对主管（supervisor）的信任和针对组织（organization）的信任两者之间的区别，并实证分析了两者影响因素的差异。戴维斯·摩根和康奈尔（Davisl，etl. 1995）研究了员工对高层管理者信任对于工作行为的影响，发现高层管理者在制定公司战略和内部制度的过程中所体现出来的"人本思想"和"公平保障"对于员工的工作满意度和组织承诺有重要影响，例如，那些能够获得更多员工信任的企业在推行公司战略和组织变革政策时，会遇到相对较少的阻力。同时，组织信任是领导在 21 世纪的重要挑战，是领导提高组织有效性的一个最直接、最经济、最有效的途径。因此，研究信任在组织中对个体行为的影响很有必要。

本研究针对的是组织对员工创新性行为的影响，组织信任的概念是组织内的信任，是组织内员工对组织（单位）、上级和同事的信任，它不同于一般的人际关系所指的信任，例如，对一般的人，如果他对自己工作方面比较无知或知之甚少则可以容忍；但如果是同事，就不会再在工作上信任他。同样，如果朋友对自己生活上的困难、问题等熟视无睹，那么对他的信任就会衰退；但如果是同事，则丝毫不会影响对其工作能力的信任。

本研究结合信任的概念，将组织信任定义为员工心目中对公司、直接主管及同事持有的信心和支持的情感，基于另一方会执行一项对于自己而言很重要的特定行为的期望，从而使自己处于弱点暴露、利益有可能受到对方损害的状态。

三　组织信任的维度及度量

在早期的信任研究过程中，大多数学者都将信任简单地视作单维的变量，并开发了相应的信任测量量表进行经验研究。20 世纪 90 年代以来，学者们从不同的视角对信任进行了研究，更多地倾向于将信任视作多维的变量，导致了信任维度划分与测量的多样性。

奈安和马洛（Nyhan & Marlowe H. A.，1997）等认为，组织中的信任可以分为两个层面：员工对组织的整体信任和员工之间的人际信任。员工对组织整体的信任，也就是员工对组织的信任，是员工对组织整体的信任知觉，基于员工对组织高层（组织的决策者）的决策和行动以及组织治理机制、激励制度所形成的整体印象；员工之间的人际信任基于组织成员之间人际互动后彼此的认识和了解，很多学者按照信任研究对象的层次，将组织内部的信任分为垂直信任和水平信任。垂直信任指组织成员与不同层级人员之间的信任关系，如员工对主管、主管对员工、员工对高管（组织）的信任等。水平信任指组织内部具有同等的工作地位的平级人员之间的信任，如员工与同事之间、主管之间等的信任关系。

研究者还对信任形成的过程提出了不同的解释，并在此基础上将领导者的信任进行了两种不同的分类。第一类为领导—下属关系型信任。这种类型的信任主要以领导者—下属关系为出发点，研究在上下级关系当中，下属是怎样理解与领导的关系。此种信任类型的特点在于，下属往往从社会交换的角度理解信任的内涵（Whitener，Brodt，Korsgaard & Werner，1998）。第二类为基于领导者个性而形成的信任。下属对领导者个性的认知，以及这种个性是怎样在等级关系中发挥影响作用的（Mayer，Davis & Schoorman，2000）。领导行为理论认为，在社会交换过程中，领导者可以通过一些特殊的行为表现与下属建立信任。怀特纳（Whitener，1998）提出了"管理者可信行为"（Managerial Trust Worthy Behavior）的概念，包括行为一贯性、正直、权力的分散、开放性交流、对员工表示关怀五个维度。信任的行为理论还包括员工认知到的领导者行为的公平性、参与性决策、未满足的期望等几个方面的内容。

卡斯蒂根和贝尔曼（Costigan，Zlter & Berman，1998）进一步论证了组织信任的层次，认为组织信任包括关系信任和系统性信任两个层次。关系信任是指以工作团队为基础的工作环境下共事成员之间的一种人际信任。包括同事之间的信任和员工对上级主管的信任的信任关系。系统性信任指员工对组织的信心和组织对员工的支持是组织成员对高级管理者、整个组织的信任关系，在研究中系统性信任是双向的，既表现为员工对主管、高层经理或整个组织的信任，也表现为组织、管理者对员工的信任。

对中国人的组织信任维度，我国学者也作了许多探索，杨中芳和彭泗清（1999）将中国人的信任区分为人品信任和能力信任两个维度；许科（2005）对我国的信任维度进行的探索性因子分析表明，我国文化背景下的员工对管理者的信任可划分为道德信任、行为信任、权威信任和关系信任四个维度。

以麦卡利斯特（McAllister，1995）为代表的学者，从信任者的视角对信任的维度进行了划分，他们将信任划分为认知型信任和情感型信任，认知型信任取决于对他人过去经历的评价，如一个人的能力及可靠程度。而情感型信任则是在社会交往中，通过与他人相处而得到的结论，相信他人在相处过程中会关心自己的福利。基于认知与情感的信任都认为个体与他人能合作是基于对他人行为的理性预期，或者与他人在感情上融洽。情感信任是建立在认知型信任的基础上的，个体良好的愿望预期首先是基于之前对他人能力与可靠程度的认可，并在此基础上构筑起深厚的关系。但是黄国燕等（2006）的研究证明，由于存在溢出效应，在中国人的社会中，情感信任对认知信任一样起作用，可以增强认知信任，这是与西方学者的研究不同的。

黄国燕等的研究证明，在社会两难情境下，认知型信任和情感型信任对合作行为的影响也是不同的。陈等（1998）认为在以集体主义为导向的文化中，情感型信任与合作的关系更为紧密，而在以个人主义为导向的文化中，认知型信任对合作的影响更为直接。

综上所述，本研究认为组织信任就包括三个层面的信任：系统信任、主管信任和同事信任，在主管信任与同事信任中，应包括两个维度：认知信任与情感信任，如图2—3。

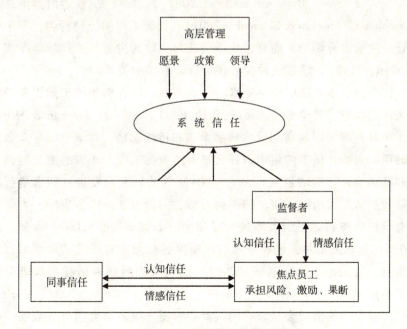

图2—3 组织信任层次图

四　组织信任的影响研究

信任受到组织研究者的广泛关注，前人对组织信任与组织及组织成员的行为和态度等关系作了详尽研究，如组织信任不仅影响员工认知和情感等态度，也影响其在组织中的行为，而且还影响个体和组织的绩效。在对组织作用方面，组织内信任可以节省成本，能够有效地降低监督成本，促进组织成员之间的协作行为，支持组织成员的创新，为组织带来不可复制的竞争力，使组织受益；在对团队作用方面，实证研究结果表明，组织信任会影响团队的学习行为，是决定团队绩效高低的重要变量。在组织信任对个体的作用方面，也存在很多理论观点。比如针对直接领导和高层管理者信任的影响的研究比较充分，直接领导、同事和高层管理者是员工的主要利益相关者，对他们的信任将决定员工的工作行为，实证研究结果表明，组织信任影响领导效果。此外，研究结果表明，组织信任可以提高服务质量，有助于促进组织成员之间的合作，有助于促进个人承诺，可以降低员工的离职意向。有一些实证研究探讨了组织信任在个体方面的作用，组织信任是预测员工对整个组织满意度的重要变量（Aryee, Budhwar & Chen, 2002），也是组织承诺的预测变量（Laschinger, Finegan & Shamian, 2001），会影响组织公民行为，对个体的任务绩效也有影响。而且，组织信任与有效的沟通、工作群体凝聚力（Gilbert, 1998）、绩效及冲突解决等有着直接的关系。

信任对个体态度中情感要素的影响方面，满意感和情感承诺是学者们关注的焦点。拉辛格、芬那根和沙缅（Laschinger, Finegan & Shamian, 2001）将组织承诺划分为情感承诺和持续承诺，对加拿大412名护士的研究表明，员工的组织信任会显著影响员工的工作满意感、情感承诺和持续承诺，费瑞尔（Ferres, 2004）等的研究则发现，同事信任能显著增进员工的情感承诺。信任会对员工的行为意图产生影响。大量学者对信任和离职意图的关系进行了研究，如戴维斯、Schoorman和迈耶（2000）发现员工对总经理平均信任程度的高低会对员工的离职意图产生影响；费瑞尔、康奈尔等（2003）的研究表明同事信任会显著降低员工的离职意图；阿尔耶等（Aryee, Budhwar & Chen, 2002）也证实了员工对组织的信任会显著影响其离职意图。很多学者的研究表明，信任会促进员工的组织公民行为，如麦卡利斯特（MaCallister, 1995）发现经理对同事的情感信任会显著影响其关系型公民行为和帮助型公民行为。

部分学者直接对信任和绩效的关系进行了研究，而且结论基本都表明信任会对绩效产生积极影响，如戴维斯、Schoorman 和迈耶（2000）发现员工对总经理平均信任程度的高低会对旅馆的销售额和旅馆的利润产生影响。阿尔耶等（2002）的研究也表明，主管信任会对员工的工作绩效产生显著影响。李宁、严进和金鸣轩（2006）基于问卷调研，对组织内信任与工作绩效间的关系进行了经验研究，结果表明，员工对高管、同事和主管的信任均会显著增进个体工作绩效。但也有些学者认为信任并非直接，而是通过其他变量间接对绩效产生影响。麦卡利斯特（1995）在区分员工绩效和经理绩效的基础上，引入对同事的监督和公民行为作为中介变量，进而显著影响同事绩效。黄国燕等研究了不同信任水平对绩效的影响。

最近也有研究认为信任的积极影响可能有限，甚至有消极影响。布劳克纳等（1997）发现，无论组织做有益于员工的决策还是无益于员工的决策，员工对组织的信任对预测其行为几乎毫无帮助与影响。而朗弗瑞德（2004）发现，在自我管理的团队中，信任反而会降低团队的绩效，因为由于存在着彼此信任，大家很少监督对方的工作进程。于海波、方俐洛、凌文辁、郑晓明（2007）通过实证数据验证了组织内信任与工作绩效之间的关系。研究表明，在个体方面，组织信任对工作满意度、情感承诺有显著的正向预测效果，对个体的离职意向有显著的负向预测效果，组织信任对员工工作满意度、情感承诺与离职意向之间的关系都具有显著的调节（加强）作用；在组织方面，组织信任通过组织学习和组织创新的完全中介作用间接影响组织主观财务绩效。

新近很多的信任研究都是基于组织情境展开的，组织情境下的信任理论已成为当前信任研究工作者关注的焦点。这一方面说明组织内部信任对于组织管理重要性已得到了组织研究者的普遍认同；另一方面也表明组织内部的信任理论还有很多需要进一步探索和完善的地方。基于组织内部信任理论现状的研究，信任就有可能会通过对员工的创新心理的影响，进而影响员工的自愿创新意愿。此外，信任对绩效的影响也还存在不一致的结论，大部分的研究结论表明信任会对绩效产生正面影响，但麦卡利斯特（1995）的研究表明经理对同事的情感信任，通过影响基于需求的对同事的监督，进而对绩效产生负面影响。

　　本研究从组织信任的三个层面讨论组织信任对个体创新绩效的影响，全面分析组织中的信任对个体产生的影响，以及针对特定对象的信任对个体行为产生影响的机制，试图整合有关信任作用机制的研究成果，将系统考察三方面信任对员工创新绩效的影响。本研究将进一步同时讨论三个信任对象对个体行为的影响，以及对于特定对象的信任产生影响的机制。同时，本研究结果也提示管理者，仅仅注意对于直接经理或对于高层管理者的信任是有一定局限性的，对于同事的信任实际上对个体绩效也有重要的影响。将员工间的信任关系建设视为一种提高团队工作效率的方式，建立恰当的奖励和分配机制，尽量避免员工之间的猜疑和对立，提高员工间的信任水平，将会有效提升组织竞争力。

第四节　　组织文化

一　组织文化的概念

　　文化问题在组织研究中很早就已受到关注。20 世纪 70 年代前，组织中"文化及亚文化"的问题已经散见于文献中，70 年代后，以文化为导向的研究逐渐增多，给后来者提供了新的视角。相关学说发展到十多种，学者们从不同的角度提出并阐明了组织文化，内容各具特色。

　　沙因（Schein, 1985）提出组织文化的观点，并得到广泛的认同。沙因将组织文化描述为"一套基本假设，是一个特定组织在学会处理适应外界和整合内部的问题时，发明、发现或发展出来的假设"，是组织在解决外部适应性和内部一体化问题的过程中，创造、发现和发展的，被证明行之有效。沙因还对在组织发展的各个阶段如何培育、塑造组织文化，以及领导如何应用文化规则达成组织目标等进行了研究，首先认为文化是一种习惯，其次承认它的群体对这些文化现象——习惯做出合理的解释，最后是这些文化现象在组织成员中能够进行代际间交流与代代相互遗传（Schein, 1999）。组织文化的定义是以价值观为基础与核心的，是包括了信念思想、最高目标、行为规范和传统风气等内容的复合体。张钢等（1997）将文化定义为文化可以被理解为一个特定组织面对环境变化所带来的问题时，本能地设计出一系列解决方案，并区分出四类典型的文化：秩序型文化、效果型文化、参与型文化和创新型文化。文化通过组织解决问题的方式表现出来，而且这种解决问题的方式还可以借助组织记忆传递给组织的新成员。文化层次整合的观点，将文化看做一种组织的精神；认为组织的行为及其外在创造物是文化层次结构中的最外圈层，是组织的外在表现；组织的信仰和价值观是组织的意识层，构成文化基础的组织核心假定是最内圈层，属组织的潜意识。对组织成员来说，尽管核心假定是文化的主体，但它属于潜意识，因而不可以言说，不可以接近。从另外一个角度来说，也正是组织的潜意识方面构筑了组织的独特结构及解决问题的前提假定和方法论基础。陈春花（1999）将企业文化定义为企业在一定价值体系指导下所选择的那些普通的、稳定的、一贯的行为方式的总和。它既体现在企业的生产、经营和管理制度方面，又表现为企业的日常工作行为。前者叫企业制度文化，后者叫企业外显文化。这两个层面上的文化均由企业价值观所规定。价值观，尤其是价值目标，是企业文化的核心构成。通常企业价值观及其存在形式又被称为企业文化之核，或企业的隐形文化。樊耘（2006）认为，文化是由固化了的文化现象所构成的。无数个由群体所遵循、所认同、所继承、所教化的文化现象就构成了一个群体或一个组织的文化。

以上组织文化的概念大多从人类学对文化的理解出发，把组织文化视作影响组织成员行为方式的一种集体现象，如同文化存在于社会中，组织文化存在于组织中，通过其共有的价值、信念、假设、规范、仪式、人工饰物及行为模式等，影响组织成员的外在行为。或者将组织文化定义为由组织成员相互分享的价值、信仰、领会的总和，就像"社会黏合剂"一样维持组织管理系统的一体性（孟凡臣，2007）。

也有学者从另外的角度对组织文化进行了定义，如戴维斯（2002）把组织文化分为主导信念与日常信念两部分，主导信念是指企业如何竞争和经营，如何管理、怎样引导组织的信念；日常信念则形成了特定的组织氛围来支持和认同企业的制度安排和组织功能。富立友（2004）从知识的角度出发，认为文化及组织文化都具有知识的属性。文化是专门支持和引导人类生存与发展的、由观念知识与组织知识合成的知识系统，具有支持性、引导性、适应性、协约性和扩增性。而组织文化则是组织的观念知识与组织知识合成的知识系统，观念知识主要是指基础观念知识，包括基本信念、价值观和思维方式等，组织知识主要是指基础组织知识，包括合作、竞争、协调、工作等行为，以及道德、伦理、秩序、评价的规则、规范、标准等知识。因为观念和组织的载体是人群集体，所以他进一步推导出组织文化是集体知识系统，并将其划分为支持性观念知识的组织知识系统（简称"支持性知识系统"）和创新性观念知识的组织知识系统（简称"创新性知识系统"）。

本研究对组织文化的定义为"全面的，历史确定的和社会构念的"组织文化，它涉及信仰和行为，它存在于不同的层次，体现在组织生命特征的广泛范围中（Anne, Hui & Katherine, 2006）。组织文化由于其研究范围的区别，又称企业文化、公司文化和管理文化尽管人们使用的词语不同，但赋予组织文化这一概念的基本含义是一致的，本研究主要使用组织文化这样的提法，如果文中有企业文化等词出现，视同组织文化。

二　组织文化度量

很多学者认为，组织文化是一个构造，具有多维性，为员工的行为提供了一个参考框架（Guldenmund, 2000, 转引自樊耘，2006）。关于组织文化的度量也有很多种，从不同角度和侧面反映了人们对组织文化的认识。

（一）西方对组织文化的度量

1. 奎因（Quinn）等提出的 OCAI 量表

奎因（Quinn, 1980）等认为组织文化可以通过一定的特征和不同的维度进行研究，他们在竞争价值观框架（Competing Values Framework, 简称 CVF）的基础上构建了 OCAI 量表。该理论模型有两个主要维度，分别反映竞争需要和产生冲突，它们是变化与稳定性、组织内部管理与外部环境（灵活性—稳定性和关注内部—关注外部）。按两个维度将指标分成四个主要的类群，四个象限代表着不同特征的组织文化，分别被命名为团队型组织文化（clan）、灵活型或者柔性组织文化（adhocracy）、层级型组织文化（hierarchy）和市场型组织文化（market）。并且以此验证了组织文化的深层结构、组织的价值，以及与领导、决策、组织发展策略相关的基本假设。

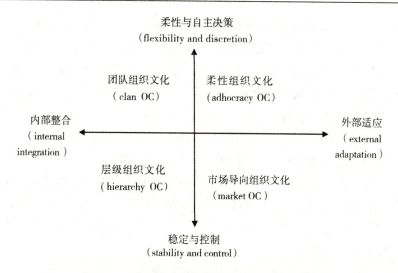

图 2—4 基于竞争价值框架下的组织文化图

资料来源：Kim S. Cameron and Robert E. Quinn, *Diagnosing and Changing Organizational Culture：Based on The Competing Values Framework*, Addison Wesley. 1998, p. 32。

2. 霍夫斯泰德等的企业文化测评模型

霍夫斯泰德（Hofstede，1990）等的组织文化测量使用问卷式定量研究方法，偏重于考察组织内部，认为组织文化由五个部分构成：个人—集体主义维度、权力距离维度、不确定性的避免维度及男性化—女性化（倾向）维度（也有学者称为刚性—柔性维度）和长期性短期性倾向维度。霍夫斯泰德认为每一种文化的特点都可以通过在这五个维度上的强弱来表示，从而研究文化对员工心理及行为产生的影响。组织文化研究对基于国家、民族差异的管理行为做了较为合理的解释，而且开创性地建立起了一种比较不同国家、民族管理行为的途径。

3. 组织文化刻画（OCP）量表

奥莱理和查特曼等（O'Reilly & Chatman，1991）等在大量的文献基础上，从契合度的途径研究人—组织契合和个体结果变量之间的关系，通过对文献的广泛回顾来获得关于企业价值观的陈述，他们运用 Q 分类方法，经过细致的筛选，最终总结为 54 条关于价值观的陈述句，开发出组织文化轮廓（OCP），并得到组织文化的七个维度：创新、结果导向、尊重人、团队导向、稳定性、进取和关注细节。Q 分类的计分方式是要求被试者将测量项目按最期望到最不期望或最符合到最不符合的顺序分成 9 类，每类所包括的条目数按 2—4—6—9—12—9—6—4—2 分布，实际上是一种自比式分类方法，即按照等级评定该项描述是否符合被试者知觉到的企业文化。在西方国家人—组织契合的研究文献中，OCP 是最常用的价值观测量量表之一。OCP 量表在我国台湾和香港地区也有一定的影响，台湾郑伯壎与北京师范大学心理学所及中国企业文化测评中心合作进行的员工公民行为（OCB）与企业文化的关联性研究，其理论来源也与查特曼教授的 OCP 量表有很大的关联。

但是，OCP 量表中的测量项目来源于文献回顾，缺乏相应的组织文化理论构架。在如何应用 OCP 量表方面，学者们的意见还很不统一，如果进行以行业为背景的研究，往往还需要对 OCP 进行修订、替换或加入新的价值观维度。

4. 丹尼森（Denison）等提出的 OCQ 量表

丹尼林（Denison）等认为，组织文化建立在有效组织的四个特质上，他们确认每一个特质都有三个亚维度，总计共有十二个维度，即工作参与（包括授权、团队导向、能力发展）；相容性（包括核心价值观、一致性、合作和整合）；适应性（包括创造性变革、以客户为中心、组织的学习）；使命（包括战略性方向和意图、目的和目标、愿景），该问卷由 60 个条目组成，得出对企业业绩影响较大的四个组织文化特征，归纳为参与性、一致性、适应性以及使命，具体如图 2-5 所示。

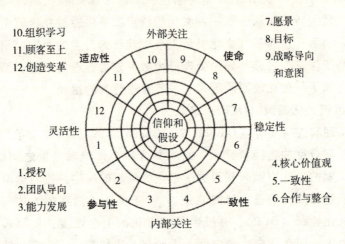

图 2—5　组织文化特征图

（二）国内企业文化测评研究评述

中国学者很早就开始关注组织文化的民族性（张德，1989；郭廷建，1989），林芝芳等（2006）指出，中国传统文化在人们的头脑中留下了深深的烙印，具有很强的渗透力和潜移默化性，必然影响中国的组织文化。台湾大学心理学教授郑伯壎在沙因的组织文化研究成果基础上构建了 VOCS 量表，共分九个维度：科学求真、顾客取向、卓越创新、甘苦与共、团队精神、正直诚信、表现绩效、社会责任和敦亲睦邻。魏钧和张德（2004）针对传统文化（尤其是儒家文化）影响下的组织价值观进行了分析和测量工具的开发，归纳出中国企业价值观的八个维度：遵从制度、争创一流、和谐仁义、社会责任、客户导向、平衡兼顾、创新精神、变中求胜。其中"和谐仁义"维度与郑伯壎得出的"敦亲睦邻"维度相似；"遵从制度"、"变中求胜"、"平衡兼顾"，则是该研究所特有的。

刘理晖（2007）通过对六个国有大中型企业的深度访谈，得出中国企业文化的十二个对称的维度，包括客户—自我导向、竞争—合作等，将其归为"组织对利益相关者的价值判断"与"组织对管理行为的价值判断"两个方面，试图从价值观的角度来探讨组织文化。作者还通过初步的探索性研究，检验了这个模型的有效性。周毅（2007）通过在广东、湖南等地企业的文献分析和开放式调研，得出中国企业文化结构的八维度模型。这一模型的内容包括团队合作、社会责任、学习和创新、规范管理、组织认同、使命与愿景、员工导向和客户导向八个维度，并且设计出 40 个条目的企业文化测量问卷。

徐淑英、忻榕和王辉历时四年，对中国企业的组织文化进行了研究。在 2002 年的研究中，他们通过开放式调研和焦点小组讨论，归纳出中国国有企业的十个文化取向：创新、结果导向、员工发展、和谐、实用主义、顾客导向、奖酬导向、贡献、未来导向和领导行为，其中结果导向涵盖了社会责任的内容，团队协作被归类在和谐维度。同时，他们还将其发现与奥莱理（1991）的研究结果做了比较，得到了五个中国国有企业组织文化的独有维度：顾客导向、奖酬导向、贡献、未来导向和领导行为。而西方组织文化中的"进取心"和"关注细节"并没有在中国国有企业文化维度中出现。徐淑英、王辉和忻榕（2006）发现，国有企业、私营企业和外商投资企业虽然有自己独特的文化维度组合，但它们共有七个相同的维度，分别是员工导向、人际和谐、员工奉献、民主参与、客户导向、社会责任、勇于创新。他们提出组织文化可以在"内部整合价值观"和"外部适应价值观"两个方向上分析：其中，员工导向、人际和谐、员工奉献、民主参与四项与企业内部整合能力相关，客户导向、社会责任、勇于创新三项与适应外部变化的能力相关。在此基础上，作者通过因子分析的方法得到五个更加稳定和一致的维度：员工发展、人际和谐、顾客导向、社会责任和勇于创新，内部整合与外部适应两个组织文化价值观彼此独立，组织在一起可以产生四种组织文化类型：内部整合和外部适应均较高，为高聚合型组织文化；内部整合较高，内部适应较低为中庸型组织文化；内部整合较低，外部适应较高者，为市场导向型文化；内部整合与外部适应均较低者，为层级文化。

三　组织文化对创新影响的研究

组织文化是一套意义体系，是组织在一定的历史时期形成的一种基本生存能力，决定其战略、运行和管理的重要的精神动力和规范，其影响可以分为组织和员工个人两个层面。每一种文化变量的强度都会随着个体、群体、组织的不同而异。

孙爱英、李垣、任峰（2004）在借鉴前人的研究基础上，研究不同组织文化类型对于渐进创新和突变创新两种不同技术创新方式的影响，分别分析了创新型组织文化、官僚型组织文化、支撑型组织文化对战略变化过程的影响作用，发现官僚型组织文化有利于企业进行突变创新，不利于企业进行渐进创新；支撑型组织文化有利于企业进行突变创新，有利于企业进行渐进创新；创新型组织文化有利于企业进行突变创新，不利于企业进行渐进创新。孟凡臣（2007）论证了组织文化与产品创新的内在联系；彭红霞、达庆利（2008）通过文献探讨构建理论模型，运用江苏省103家企业的有效问卷调查数据，研究组织文化与组织学习对组织创新能力的影响力，并以创新管理作为条件变量导入上述因果模式中，验证其对原有影响力是否有增强效果。研究表明，组织文化与组织学习均与创新能力显著正相关，而创新管理与创新能力微弱相关；在组织文化与创新能力关系中，导入创新管理后，对原有影响力有增强作用；在组织学习与创新能力关系中，加入创新管理后，对原有影响力有减弱作用。

　　牢固建立起来的组织文化通过对组织成员行为结果的正反馈机制，形成产生行为规则或规范的组织管理模型。而具有正反馈机制的非线性动态系统一旦为某种偶然事件（如环境的变化）所影响，就会沿着一条固定的轨迹或路径一直演化下去，即使有更好的替代方案，既定的路径也很难发生改变，即形成一种路径依赖。组织文化犹如一只无形的手，通过对全体员工思想意识的影响和引导，发挥着对企业管理系统的调节、管理要素的协调、工作效率和经济效益的增效作用，激发创新的产生，刘军等（2004）证实 CEO 价值观、企业的 HR 体系、组织文化的匹配效应：在三者都以人为本时，中层经理的组织承诺和工作投入最高，当只有单一要素时，这个效应就不明显了。

　　徐淑英、王辉、忻榕（2004）通过开放式问卷归纳出中国国有企业文化对于员工的影响有三个方面：员工士气、激励和承诺。雷巧玲等（2006）通过实证研究表明：员工导向文化既有利于提高知识型员工心理授权的内在状态，也有利于提高其比较状态；而任务导向文化则不利于知识型员工心理授权的内在状态。然而，任务导向文化对知识型员工比较状态及感情承诺呈反方向影响的假设没有通过显著性检验，作者推测可能的原因是因为中国知识型员工成长的民族文化背景，中国民族文化的高权力距离、强调尊重权威和忠诚改变了原假设的方向，而呈不显著的正相关关系。

　　综上所述，现有的少量实证研究集中关注企业文化与员工组织承诺、企业创新、财务和非财务绩效方面，这些研究限于直接移植国外的研究构念、模型，进行假设检验，还难以揭示中国企业特有的文化维度与组织行为和企业绩效的关系。特别是关于个人创新绩效的研究，Scott 等认为个人的创新绩效是个人、领导、工作团队以及组织氛围共同作用的结果，而组织氛围便是企业文化的重要体现，它代表了企业非正式制度的主要内容，但是，氛围对个人创新绩效影响的研究还未受到应有的重视。

第五节　人力资源管理研究综述

一　人力资源管理研究与员工创新

1995 年，海塞里德提出了具有"通用性"的人力资源管理研究方法。该方法假定存在最佳的人力资源管理实践，这种"理想模式"有助于组织绩效最大化。海塞里德等（1996）人强调，能为企业创造持续竞争优势的是企业总体的人力资源管理系统，而并非是单个的人力资源管理实践。单个的实践活动容易复制，整合型的人力资源管理系统才具有特质性、复杂性、难以模仿和路径依赖等特点。而且，这一系列互补的实践活动，除了可以避免因相互矛盾而可能产生混淆，从而导致较低的激励水平和较低的生产率等结果之外，其产生的效果比单独运用各种实践活动的效果总和还要大。

　　学者研究发现，不论是单一人力资源管理实践，还是人力资源管理系统都对创新具有重要的影响。一些学者探讨了人力资源管理系统对创新的作用，如台湾学者杨朝旭、蔡柳卿发现，企业的人力资源管理系统越接近智慧资本提升系统，企业的创新水平就越高。对人力资源管理实践与创新关系的研究中，许多学者认为，单一人力资源管理实践对创新具有促进作用。如詹姆斯（2002）发现选拔、绩效评估、激励和职业发展四种实践对技术变革的影响；高普达和辛格尔（1993）论述了人力资源规划、绩效考评、奖励系统和职业生涯管理四种实践对创新的作用；坎农等（2006）发现目标认可、奖励职业发展、团队合作、建立共同语言、R&D员工经验共享等单一实践与企业创新绩效正相关；杨东涛（2007）研究指出，在企业衰退阶段，留住核心员工、再培训和职业转换是弥补产品缺乏创新的重要人力资源实践；杨东涛通过进一步研究还发现，职业生涯管理、绩效评估、员工参与和工作设计是企业管理者用以激发员工自主创新的有效管理手段。海伦·希普顿（2006）等将创新分为创意产生和创新执行两阶段，他们对英国28家生产企业的研究发现，人力资源管理实践对两个阶段的创新都有积极的促进作用。

　　按照资源基础理论，对人力资源管理实践的测量可以通过外部的手段推动员工内在的发展，如培训、扩展职业路径等措施（Delery & Doty，1996）。另一方面，按照控制的观点，人力资源管理实践与监督和控制相关（Snell，1992）。不论从哪一个角度，测量结果都有共变的效应，它们有相似的维度，两种方法均从以下三个方面对人力资源管理实践进行了测量：（1）人的因素，包括选拔、培训和晋升；（2）绩效评估与激励，如薪酬激励和股权激励；（3）员工关系，包括工作设计及参与等。总之，承诺型人力资源管理系统包括甄选、广泛的培训、内部激励措施以及就业安全。

1995 年，海塞里德（1970）将最佳人力资源管理模式的人力资源管理措施通过因子分析划分为两组：一组是影响员工能力方面的措施，另一组是影响员工动机方面的措施。组织的人力资源得不到充分的利用，其原因是员工在工作中并没有发挥他们的最大潜能；如果组织的人力资源管理措施能够影响员工的动机和能力，就可以进而影响员工对组织的贡献水平，从而提高组织的整体绩效水平。

从组织变革的角度来理解，人力资源管理实践对创新有着推动作用。组织变革冰冻论指出了创新过程的三部曲理论，成功的变革是冻结—解冻—再冻结的过程，推动一项新的行为或进行改革，第一阶段必须先将现状加以解冻，然后再将改革的状况加以冻结，使其保持稳定状态。解冻，即创新是改变目前均衡状态所必需的。它是组织变革过程中最难也是最重要的一个阶段。第二阶段的改变是指引进并使用变革的技术或方法使变革成功。换言之，就是利用变革技术减少抗拒的阻力。可以消除阻力的办法有以下几种：教育与沟通、参与、润滑与支持、协商、操纵以及高压。经过改革行动之后，还需将新的状态利用更多正式化的机制，引导员工接受变革的结果，并加以维持，这就是再冻结。这些（罗宾斯，1997）促进创新的六种方法与人力资源管理实践的做法不谋而合。

研究表明，可以通过人力资源管理的实践激发员工创造性潜质的发挥，人力资源管理实践的各个环节，对员工创新均有着积极的推动作用。吴志国和石金涛（2007）认为，仅仅有高水平的人力资本对于员工创新绩效的出现显然是不够的，员工必须被激发，并且愿意贡献他们的知识和经验。而高承诺的人力资源实践则是使人产生能量并且激活人的思维，激励员工为组织利益而做出努力的有效方式。

近年来，关于公司人力资源系统和组织绩效之间关系的研究趋向于高承诺型工作系统的概念——HCWS（Arthur，1994；Baron & Kreps，1999）。肖知兴等（2006）对高承诺型人力资源管理系统定义为一种整体的人力资源管理实践，旨在通过给予员工更多从而得到更多。沃尔顿（1985）认为高承诺人力资源管理系统指的是一个人力资源管理实践的系统，此系统旨在引导员工对组织的承诺。在沃尔顿（1985）开创性的文章中，他区分了管理劳动力的"控制性"战略和"承诺性"战略。最重要的论点是工作实践，诸如利润分享、雇佣保证和员工的参与度，都会提高员工的承诺水平，从而改进组织绩效。其后，这种通常被称为HCWS 的工作系统与公司绩效之间的正向关系已为大量的实证研究所证实。大多数实证研究都说明 HCWS 与组织绩效之间的关系是正相关的（Appelbaum，Bailey，2000；Delery & Doty，1996；Huselid，1995）。吴志国（2007）认为，薪酬、支持性福利和激励性承诺能激发、强化员工的创新动机，实现持续创新。组织薪酬系统对员工行为及动机施加直接影响，是一种能够在很大程度上调动员工积极性的激励手段。根据组织绩效确定员工薪酬可以鼓励员工更积极的行为。根据工作群体目标和绩效确定薪酬能够鼓励员工团结协作，增加思想交流的可能性以及创新的意愿。同时，因创新成果而获得的优厚绩效薪酬和特别奖励，能提升员工的工作成就和自我实现感，强化持续创新动机。支持性福利和优先内部员工的晋升机制、工作轮换、明晰的职业发展通道等激励性承诺，则能提高员工的满意度、改进员工个人层次的学习，鼓励和保护员工为赢取组织竞争优势所出现的创新绩效。对于创造性问题解决培训的研究表明，培训可以提高员工的创新水平。合适的培训能够增加创造性思维的发生率，因为通过提供培训机会能够增加个体的知识基础或者他们与创新相关的技能，而这可以使得员工在他们工作的时候更具有创造性。恰当的评估和奖励可以促进创新的产生，甄选、培训、评估和奖励员工的人力资源实践的各部分系统地联系在一起，员工通过一系列人力资源管理实践，可以了解上级对他们的期望是什么，以及什么时候去做，如何去做。

本研究将高承诺型人力资源管理系统界定为：一种整体的人力资源管理实践，旨在引导员工对组织的承诺，通过给予员工更多而得到更多。

二　人力资源管理与组织信任

人力资源管理政策和实践一样影响到信任，人力资源管理的诸多方面如薪酬、控制和绩效评估等本身就是导致组织信任的部分原因，研究者指出，绩效评估作为程序公平的一部分，对组织信任产生积极影响。绩效评估政策具有行为导向作用，能够刺激信任的产生。怀特纳

（1998）组织中的人力资源管理政策和实践越是倾向合作、公平的绩效管理和薪酬系统，组织信任水平就越高。也就是说，有效的人力资源活动的设计可以增加信任，且对组织的其他变量，包括离职率、生产率和财务绩效有显著的影响作用。

适当授权与决策参与也是构筑管理者信任的一个重要方面，在决策过程中经过充分的讨论与适当的授权，最终决定容易达成共识，员工参与感增强，管理者与员工互动的结果是彼此信任的增加。德里斯科尔（1978）的研究发现，当员工对其参与决策的程度感到满意时，其信任水平较高。考斯佳德等（1995）认为，当管理者放松控制并适当授权时，相当于发出了他信任与尊重下属的信号，员工参与决策使其在组织中的地位得到加强，价值得到体现。怀特纳等（Whitener, Brodt & Korsgaard, 2002）用代理理论和社会交换理论解释了这个问题，他们认为，员工参与决策，能使自己的利益主张得到执行，可以部分抵消由管理者单独决策产生的风险，并且员工的绩效能得到保障。而按社会交换理论，发言权与参与决策实际上是一种社会的报酬形式，员工参与决策与管理者的适当授权代表员工得到了更多的社会报酬，因此，可以增加信任。

与信任相关的沟通包括准确的信息对决策的合理解释和言论开放，很多学者都认为准确的信息有助于管理者的信任加强，而且员工得到更多的与决策相关的解释和及时的反馈时，对管理者的信任水平会得到提升（O'Reilly, 1977）。管理者愿意花时间来解释其决策，说明他愿意取信于民。广开言路，与员工广泛地、自由地交换意见与想法，是管理者赢得员工信任的重要途径（Butler, 1991）。

为下属谋福利无疑是增强信任的一个重要方面（McAllister, 1995; Mishra, 1998），包括对员工的利益表示关心，想办法保护下属的利益并为下属去争取福利。这样可以为自己赢得下属的尊重，当员工观察到上司能不顾约束条件而为他们谋福利时，信任度便增强了（Butler, 1991）。Mayer（2000）研究了绩效评估系统对信任的作用，发现绩效评估并不利于组织信任水平的提高，但高水平的组织信任度能够促进绩效评估的顺利实施，并有利于实现绩效评估的目的。扎伊和麦克伊优利等（Zaheer, McEvily & Permne, 1998）在进行组织间信任和人际信任对于绩效关系的研究中发现，组织信任与协商成本和交易冲突成负相关关系，组织信任水平越高，协商成本就越低，交易冲突就越少。

刘颖（2007）通过情境实验的方法对员工组织信任与薪酬管理和绩效管理的关系进行了研究，发现对大多数员工而言，当员工的组织信任度比较高时，提高薪酬能够有效提高其工作积极性，降低薪酬却不会降低其工作积极性；当员工的组织信任度比较低时，提高薪酬不能有效提高其工作积极性，降低薪酬却会降低其工作积极性；降薪时，组织信任度比较高的员工的工作积极性不会降低，组织信任度比较低的员工的工作积极性却会降低；加薪时，组织信任度比较高的员工的工作积极性会升高，组织信任度比较低的员工的工作积极性却不会升高。实施绩效管理有利于提高高任务绩效和高情境绩效员工的组织信任度，却不能有效提高低任务绩效员工的组织信任度。

第六节　员工创新研究综述

一　员工创新

"创新"的英文单词通常是"innovation"和"creativity"，它们翻译为中文时，都可作"创新"讲，但在英文文献中，它们有一定的区别，"innovation"强调的是革新、革新之处，是对现有状况的一种改变和变革，在文献中多用于产品、技术和组织层面，如组织创新（organizational innovation）、技术创新（technology innovation）和产品创新（product innovation）等。

而"creativity"一词，强调的重点在于创造、创造力、创造活动，原始的意义是指原发性的创造，有时也指创作的灵感，或者特指个人创造性潜力。"creativity"是一个复合概念，不易精确界定。具有创造性的人能产生新的创意，并能接受不同的方式。因此，可将其定义为能用新的（原创性的、出乎预料的）和适当的（有用的、能满足任务需要的）方法完成工作的能力。它首先是针对个体来进行研究，其次强调原创性、新颖性和适当性，要使新奇的看上去熟悉，使熟悉的看上去新奇。本书认为，在工作场所，个体的创造性、创造力等的发挥，是一个由创意产生到创意实施的过程，如果单纯翻译为创造不能反映创意的实现过程，因此，以示与宏观层面创新的区别，用员工创新来说明个体创造力的发挥。阿姆贝尔（1996）以及伍德曼（1993）等认为，员工创新是指员工为组织的发展和任务的完成，利用现有条件，所产生的新的、有用的产品、创意和流程。这样的定义，焦点在于产品、创意和流程，强调创新在组织中的价值，在组织内，利用组织的资源，形成新奇、具有原创性和有用的最终成果，产生新的、合适的创意是为了提高组织解决复杂问题的能力和组织的有效性。

本书把员工创新定义为：员工创新指个体在工作场所中发挥自身创造性，积极参与创新的过程。针对组织的情况，员工从组织的度出发，以创新者的身份不断地产生新的创意，并能利用一切可以利用的资源，将自己的创意转化为创新实效的过程。

二　组织因素对员工创新的影响

学者们的研究表明，除具备了一定的工作能力与心理素质外，组织对员工创新行为的促进因素主要以下几个方面：

（一）创新的组织环境和组织创新的价值观是激发员工的创新行为的关键

工作环境，特别是员工所能感知到的工作环境，是员工决定是否参与创新的决定性因素。沙因（Schein，1999）把组织氛围定义为"在某种环境中，员工对一些事件、活动和程序以及那些可能会受到奖励、支持和期望的行为的认识。在个人层次上，氛围是对组织状态的感性解释，个人主要对环境的认知做出反应，而不是对环境本身做出反应"。个人会运用组织的这些信息调整其愿望及行为方式，人们也会通过控制他们自身的行为来实现积极的自我评价结果。环境中创新的价值观覆盖面越广，创新深入程度就越高，绩效越好；不同的情境下，价值观对创新行为的影响不同，在鼓励创新的环境中，相比正常工作，员工会优先选择创新。可感知的组织支持对员工创新起到强化作用，个人感知到环境对创新的支持后，更容易参与到创新中，愿意努力用新的方法来解决工作中的问题。

（二）领导者的支持是员工创新行为的动力

研究表明，上级主管对创新的积极态度会强化员工的创新意识，激发他们的创新行为，当上级主管鼓励创造性地解决问题时，员工更愿意参与创新的活动，这是因为上级主管对创新的支持，使员工对创新结果的预期较乐观，因此，增强了其创新的信念。而且，当员工因为创新的技能、行为受到上级鼓励和支持时，其工作满意度也随之提高，且离职率下降（Shalley，2000）。领导行为会增强员工创新角色的认同感，强化员工参与创新的意识，认为其是组织创新中的一分子；领导还可以通过鼓舞士气，提高员工创新自我效能感。

（三）工作设计、工作复杂度是员工创新行为的助推器

工作能力强、受教育年限相对高、能做好日常工作的员工以及从事相对复杂工作的员工，更愿意参与到创新的活动中。能做好日常工作的员工，在完成程序性的工作过程中，累积的自信心和工作经验对创新的信念会产生推动作用。而相对复杂的工作，经常需要员工在工作中创造性地解决问题，因此得以激发出员工的创新行为。与此相应，泰尼等（2003）等的研究发现，蓝领工人的工作年限越长，其创新的自我效能感越低，创新行为越少。这可能是年复一年的重复简单的工作任务消磨了他们的创造性。

（四）工作团队的创新意识和同事对创新的预期是激发员工创新的重要因素

徐淑英（2006）等认为，社会交往是信息和资源流动的一个渠道，通过社交互动（social interaction），行为者可能接近其他行为者的资源，这种接近，能够允许创新者在组织内部跨越正式的途径和层级去寻求他们所需要的。多尔娣（1992）认为，企业内部每个部门都有一个关于顾客需求和产品怎样才能设计成符合那些需要的"思想库"，每一个"思想库"都具有一些有关市场和技术之间至关重要的、解决难题必不可少的知识片段，而创新常常就是那些看似不相干的信息综合后的结果。

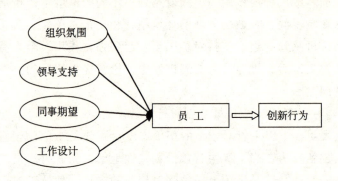

图 2—6　员工创新影响因素图

第三章 理论模型与研究假设

第一节 研究假设的提出

一 组织信任和员工创新的关系

信任不是一个孤立的事件，人们依据是否存在信任关系做出如何往来的决定，信任影响着人们的行动选择。正如卢曼所指出，信任可以降低环境复杂性和系统复杂性，帮助人们快速决策，赵德华（2006）认为信任具有简化、约束、协调以及帮助决策等功能。任何个体（或组织）不可能完全掌握充分的信息，因此，人们不可能完全理性地进行行动选择和关系建立，信任的存在有助于降低选择成本，提高效率。按博弈论的观点，当人们进行集体行动时，指向共同目标的合作就发生了。在合作情境中，信任意味着指向每一个参与者的一系列赌博，在选择信任他人的同时，也意味着有遭受背叛的风险。由于每一个参与者都做出指向他人的一系列赌博，相互信任的网络就变得异常复杂，在这些纵横交错着的信任连线上，每个人都给予团队一般化的信任。而在一般化信任的顶端，则存在着更抽象的对维护愉快合作的协调、监督、领导的组织化的体制的信任。信任在组织中的作用就像是组织内部的润滑剂，它既能够消除一些组织内部冲突的内耗，同时也能够起到促进组织更加有效运转的作用。冲突容易发生在相互不信任的环境中，上下级之间或同级部门间在没有相互信任的环境下容易产生冲突及不合作，信任是解决此类问题的润滑剂。

员工对组织的信任表现为相信组织会关心自己的福利，相信组织会公平地对待自己，相信组织会为自己的工作提供支持，相信组织会有良好的发展前景等，从而显著地激发员工的创新绩效。感知的组织支持对员工创新起到强化作用，个人感知到环境对创新的支持后，更容易参与到创新中，愿意努力用新的方法来解决工作中出现的问题。员工对组织的信任会提升其感知组织支持、组织关怀，并使得员工感知到自身在组织内部是有价值的和受重视的，进而会增进其创新绩效。

在信任关系中，信任主客体的位置会发生转换。被信任的人（原来的客体）因为得到了信任，从而产生了对信任自己的人（原来的主体）的信任。当管理者通过行为表现出对员工的信任时，作为相应的回报，就会获得员工对领导的信任。罗家德（Luo，2007）在其关于信任的研究中就引入了"报"这个变量。他认为，在中国文化中，"报"的观念根深蒂固，如数千年前《诗经·卫风》中的《木瓜》上就出现了"投我以木瓜，报之以琼琚"的句子。另外，"投桃报李"、"滴水之恩当涌泉相报"、"士为知己者死"等说法在中国的文学作品中也随处可见，而这种行为维度在西方研究管理者可信行为文献中没有出现。因此，员工对组织的信任会使其更愿意接受有挑战性的工作，以增进参与管理的积极性，激发创新意愿和创新绩效。

团队研究还发现，个体对于其他团队成员的信任可以促进个体绩效。只有当成员可以信任其他团队成员时，他们才愿意将技术和经验与别人分享；在流程改进中，只有在建立了对其他团队成员信任的情况下，个体才敢于暴露自己的错误和缺陷，与其他团队成员一起讨论改进措施。否则个体会担心自己的缺陷暴露后，会被别人利用，进而对自己产生消极后果。

由此，我们提出：

假设1：组织信任程度越高，员工创新行动越多，即组织信任与员工创新绩效呈正相关关系。

二　员工创新心理过程是组织信任和员工创新关系的中介变量

许科（2005）整合了过去30年来西方关于领导者信任的理论研究之后发现，领导者所表现出的可信行为，在员工归因的作用下，可以对组织绩效、员工工作态度、目的等产生极其重要的影响。当今的很多研究也认为信任是建设有效工作团队的重要因素（Larson & LaFasto，1989）。对工作绩效的其他变量，如员工的组织公民行为、成员间的信息分享度、目标接受度、任务绩效等进行的研究都发现信任对团队绩效的重要影响作用（Podsakoff, MacKenzie & Moorman, 1997）。

信任会对员工的行为意图产生影响。阿伊（Aryee, Budhwar & Chen, 2002）证实了员工对组织的信任会显著影响其离职意图（p = - 0.25, p < 0.01）。事实上，信任不仅会对员工的行为意图产生影响，还会对行为本身产生影响，这些行为包括组织公民行为、知识共享行为、创新绩效等。组织成员对组织信任程度的高低，势必会对该个体的态度与行为产生显著影响，进而促进个体与组织绩效的改善，其中包括个体在组织中的创新意图和创新绩效。领导者的支持是员工创新绩效的动力。研究表明，上级主管对创新的积极态度会强化员工的创新意识，激发他们的创新绩效，当上级主管鼓励创造性地解决问题时，员工更愿意参与创新的活动，这是因为主管上级对创新的支持，使员工对创新结果的预期较乐观，因此，增强了其创新的信念。而且，当员工因为创新的技能、行为受到上级鼓励和支持时，其工作满意度也随之提高，且离职率下降（Shalley, 2001）。领导行为会增强员工创新角色的认同感，强化员工参与创新的意识，认为其是组织创新中的一分子；领导还可以通过鼓舞士气来提高员工创新自我效能感。

个体态度包括认知成分和情感成分，信任会对个体的认知和情感产生正面的影响，使个体对组织持更加积极的态度。信任不仅会对员工的行为意图产生影响，还会对行为本身产生影响，这些行为包括组织公民行为、知识共享行为、创新绩效等。

因此，信任可以看做一种个人对他人的态度，即信任者根据对被信任者的观察与了解，形成自己的判断，产生对被信任者的可信度和归因。因为个体对事件进行不同的归因，信任是一种具有高度指向性的心理状态，而且具有高度的特异性。在工作中，信任是一种具有高度指向性的心理状态，员工对组织环境和其他成员的信任会影响员工的一系列知觉、态度和行为。组织冲突领域和组织政治学的研究也显示出：个体会将发生在组织环境中的事件进行不同的归因，因此，针对不同的信任客体的信任，会不同程度地影响个体的行为或态度。

徐淑英等（2006）认为，社会交往是信息和资源流动的一个渠道，通过社交互动（social interaction），行为者可能接近其他行为者的资源，这种接近，"能够允许创新者在组织内部跨越正式的途径和层级去寻求他们所需要的"。多提（Dougherty, 1992）认为，企业内部每个部门都有一个关于顾客需求和产品怎样才能设计成符合那些需要的"思想库",每一个"思想库"都具有一些有关市场和技术之间至关重要的、解决难题必不可少的知识片段,而创新常常就是那些看似不相干的信息综合后的结果。因此,团队成员之间的交换关系是成功创新的重要因素,组织应通过团队的工作和不同的工作分享来加强员工之间的这种关系,以促进创新。

根据以上分析,本书提出:

假设2:创新角色的自我认同是组织信任与员工创新关系中的中介变量。

假设3:创新意愿是组织信任与员工创新关系中的中介变量。

假设4:创新自我效能感是组织信任与员工创新关系中的中介变量。

三　高承诺型人力资源管理与员工创新的关系

许多学者都认为不论是单一人力资源管理实践,还是人力资源管理系统都对创新具有重要的影响。一些学者探讨了人力资源管理系统对创新的作用,如台湾学者杨朝旭、蔡柳卿发现,恰当的人力资源管理系统有助于企业创新水平的提高。许多学者认为,高承诺型人力资源管理系统对员工的创新绩效有促进作用,如詹姆斯(2002)发现选拔、绩效评估、激励和职业发展四种实践对技术变革的影响;高普达和辛格尔(1993)论述了人力资源规划、绩效考评、奖励系统和职业生涯管理四种实践对创新的作用;Jiménez探讨了招聘、培训、平等化、横向连接、社会化等对创新的影响;坎农等(2006)发现目标认可、奖励职业发展、团队合作、建立共同语言、R&D员工经验共享等与企业创新绩效呈正相关;杨东涛(2007)研究指出,在企业衰退阶段,留住核心员工、再培训和职业转换是弥补产品缺乏创新的重要人力资源管理实践;杨东涛通过进一步研究还发现,职业生涯管理、员工参与和工作设计是企业管理者用以激发员工自主创新的有效管理手段。海伦等(2006)等他们对英国28家生产企业的研究发现,人力资源管理实践对创意产生和创新执行阶段的创新都有积极的促进作用。

与完全建立在自我利益基础上的经济交换比较,人类的许多相互作用是社会交换。在社会交换中,互惠的原则会形成人们对其他人回报积极的、有利的行为的责任。在组织研究中，一个研究的分支表明，员工对组织的承诺来源于他们感知的组织对他们的支持或投资（Tsui,1997）。组织的工作实践被员工解释为拟人化的组织对他们承诺的象征；根据社会交换理论的逻辑，他们会以对组织更多的承诺来回报。

信任是人力资源（HR）活动成功的关键因素，反之，则为其失败的重要因素。许多研究者们均认为缺少信任是管理活动失败的主要原因。这些管理活动包括执行完全质量管理或者重新设计过程（Whitney,1994），在组织—员工关系中重新定义工作安全性和员工忠诚度（O'Reilly,1991）。他们都认为信任会影响感知的人力资源活动的准确性和公平性，这些人力资源活动包括绩效评估（Dobbins,Platz & Houston,1993；Earley,1989）、雇佣关系（Robinson,1996）。

罗宾斯等（Robinson,1996）提出信任多体现在人力资源领域的表面——培训和发展、薪酬机制、晋升、工作职责、工作安全和职位安排，以及绩效评估和反馈。随着对管理者的信任增强，他们所感知到的绩效管理系统的成功、准确性和公平性也在增强。高承诺型人力资源管理系统是一种整体的人力资源管理实践，旨在通过给予员工更多从而得到更多，其核心是展现组织对员工的信任。信任是一种心理状态，由愿意接受攻击的意愿组成，这些意愿建立在对意愿的积极期待或其他人的行为基础上（Rousseau,1998）。例如，参与度和在团队中组织工作是典型的方式，通过这种方式，组织相信员工会为了组织的利益而运用判断力。为了员工具有自我管理的更多自由，应该放弃控制和监督的方法。职业安全和发展目的的反馈（而不是评估目的）传递了员工将发展长期视野和使组织福利内在化的期待。对员工广泛进行培训和工作扩展表明组织相信员工能够使用他/她的技能以完成组织的目标。通过执行这些实践，组织传达了一种持续期待，即相信员工会为了组织的利益通过他们"完全的努力"来回报；也就是说，组织相信员工将尊重而非滥用信任。信任意味着组织和员工都有良好状态（双赢），并且形成更有效率的雇佣关系，这种关系等价于组织和员工之间非正式的和自我强化的契约。

由此，我们提出：

假设5：高承诺型人力资源管理系统调节组织信任与员工创新之间的关系，高承诺型人力资源管理实践可以强化组织信任对员工创新的促进作用。

四　组织文化与员工创新的关系

以往的研究发现，组织因素中，组织文化、制度等均对创新产生影响，其中组织文化是促进创新的重要组织因素。创新是所有部门的一体化行为，涉及创新构思的产生、设计、制造及营销的并行过程，每一个环节都与组织文化息息相关。潜在创新价值的不确定性和由此导致的创新过程中存在的高风险性等特点，是企业正式控制机制难以管理的因素，它需要组织文化的支撑。

组织文化是指企业在发展中所表现出来的一种精神力量，它包括凝聚力、导向力、激励力和约束力，既是一定生产力、生产组织方式的反映，又与一定的生产力、生产组织方式相适应，它包含着价值判断。对于稳定的企业组织，组织文化的沟通功能可以促成企业从协调一致到创新张力的转变；对于松散的企业组织，组织文化的凝聚功能可以使企业快速形成一个有机的系统。文化是一套意义体系，引导和规范科学组织的创新行动的产生、维持和发展等。组织文化是组织在一定的历史时期中形成的一种基本生存能力，是决定其战略、运行和管理的一种重要的精神动力和规范的力量。组织文化是从精神层面的文化符号——观念和价值观等影响组织行为的；同时也在组织制度上组织员工的行为；并且影响了组织中员工的创新绩效等。

创造一个培养创新的文化是领导者重要工作。这种文化可以唤醒难以置信的能力、热情、积极完成超高目标的责任心。只有整合型文化才能将个人的能力、观念与组织目标相结合，达到各阶层的创新。工作环境，特别是员工所能感知的工作环境，是员工决定是否参与创新的决定性因素。沙因（Schein, 1985）把组织氛围定义为在某种环境中，员工对一些事件、活动和程序以及那些可能会受到奖励、支持和期望的行为的认识。在个人层次上，氛围是对组织状态的感性解释，个人主要对环境的认知做出反应，而不是对环境本身做出反应。个人会运用组织的这些信息调整其愿望及行为方式，人们也会通过控制他们自身的行为来实现积极的自我评价结果。

企业中的协调一般是通过组织的调节机制来实现的，调节机制能否起到应有的作用，主要看这些规范能否被员工认同并接受，因此共同的强组织文化基础能够保证企业内沟通渠道的畅通，对于约束员工的行为，遵守企业的管理制度有重要的促进作用；强组织文化可以降低组织协调的需求，并通过创造企业的认同感来发挥激励的效应，影响组织行为模式以适应企业环境的需求，规范组织中员工的相互关系等。

文化原为人类学的基本概念，是指社会中的特定人群所共有的一种习惯性的心理状态，这种心理状态由该人群所形成的共同价值观、共同信念以及特有的行为方式构成。罗（Luo，2005）认为，组织信任是组织的一种重要文化特征。组织信任是一种非常重要的文化氛围，对个体和组织发展起作用，体现在四个方面：一是影响组织的成功；二是影响团队的有效性；三是影响组织成员之间的合作；四是影响组织成员的可信性。

法库亚姆（Fukuyama，1995）则表示，当社会文化缺乏促进信任的因素时，组织文化在某种程度上可以替代社会文化。组织文化具有将组织成员的行为引导到组织目标上的作用，可以通过特定的行为改变环境，也能使特定的行为获得无形的支持，并且统一员工目标使得成员之间、成员与组织间的信任建立有了更好的基础，从而激励组织成员以提高组织的绩效。通过社会学习过程，组织文化可以直接影响信任行为，管理者通过观察组织对他人行为的反应来学习如何进行赏罚，当他们的行为方式符合组织文化价值观及规则时，就能够得到社会回报。同样，文化也能通过交流、合作和决策过程直接作用于信任。对文化价值观的分类有助于辨别文化与信任的关系，如在一个鼓励冒险的文化氛围中，管理者会不考虑绩效而甘于冒险分权，并支持下属的冒险行为；同样，当组织文化强调的是分享、沟通与合作时，人们更愿意彼此信任（Whitener，Brodt，Korsgaard & Werner，1998）。

徐淑英、王辉、忻榕（2006）研究了所有制和组织文化对绩效的影响，发现与组织文化类型这一因素相比，所有制对企业绩效的影响力要小得多，并且具有强势组织文化的企业，其绩效明显高于具有其他组织文化类型的企业。格兰德等（Grand & Kumara）认为，企业员工之间的合作越多（团队精神越强），集体创新能力越强；员工对企业的忠诚度越高，企业的集体创新能力越强。来自员工对企业忠诚度的个人热情，驱使员工做出超出个人职责和义务的工作，并且延伸了他们以前的能力去为企业服务。朱瑜、王雁飞、蓝海林（2007）以198家企业为研究对象，运用多元回归分析与结构方程模型对组织文化、智力资本及组织绩效三者之间的关系进行了实证研究。结果表明，官僚型文化和结构资本具有显著的正面影响，创新型文化和支持型文化对人力资本具有正面影响，而关系资本仅受到支持型文化的影响。

本研究由此提出：

假设6：高聚合的组织文化对组织信任与员工创新绩效的关系起调节作用，在高聚合的组织文化下，组织信任对员工创新的正向影响得以加强。

综上所述，本研究的假设汇总如下：

表 3—1　　　　　　　　　　　研究假设汇总表

	编号	假设提出
第一层次 主效应假设	H1	组织信任与员工创新呈正相关关系，员工对组织的信任度越高，员工创新的动力越强，员工创新的绩效越高
第一层次 中介效应假设	H2	创新角色的自我认同是组织信任与员工创新关系中的中介变量
	H3	创新意愿是组织信任与员工创新关系中的中介变量
	H4	创新自我效能感是组织信任与员工创新关系中的中介变量
第二层次 调节效应假设	H5	高承诺型人力资源管理系统调节组织信任与员工创新之间的关系，承诺人力资源管理系统承诺度越高，对组织信任与员工创新之间关系的促进作用就越强
	H6	组织文化调节组织信任与员工创新之间的关系，高聚合的组织文化对组织信任与员工创新的促进效用增强，其他类型的组织文化影响则不显著

第二节　理论模型的构建

基于上述假设，本研究认为员工创新受到组织层次与员工层次两个因素的影响，构建理论模型见图3—1。

第一层次 L1，为个体层级的变量，构建了因变量员工创新、自变量组织信任与中介变量员工创新相关的三个心理变量之间的关系。

第二层次 L2，分析组织层次变量组织文化与高承诺型人力资源管理系统对组织信任与员工创新之间关系的调节作用。

控制变量包括两个层次上的相关变量，包括组织性质、组织规模、组织结构、员工性别、教育程度、工作岗位、工作性质。

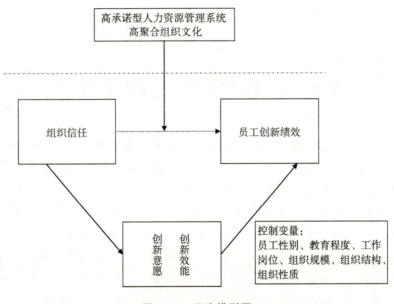

图 3—1 理论模型图

第四章　研究设计

第一节　研究变量的操作化定义

本研究主要涉及五个变量，即高承诺型人力资源管理系统、组织文化、组织信任、员工创新的角色认同、员工创新的意愿和员工创新自我效能感和员工的创新绩效。高承诺型人力资源管理系统和组织文化是组织内客观存在的，属于总体属性变量（global property）。总体属性变量并不是来源于组织内的个人，其具有相对客观、易于描述并且容易观察到的属性，因此，在测量总体属性变量时，没有必要去收集每一个团队成员的数据，只需要调查组织中某一位了解情况的专业人士即可。本研究针对组织文化和高承诺型人力资源管理实践的调查，面向组织中的相关负责人，如总经理、副总经理及人力资源管理经理等，他们了解组织的相关人力资源管理政策和实践，对组织文化也有较深的理解，适合于作为问卷调查的主要调查对象。关于组织信任和员工创新绩效，属于结构属性变量。结构属性变量是指基于个体成员的经验、态度、知觉、价值、认知和行为所产生的属性，反映了团队内个人特性的相互组合模式或差异模式，在研究结构属性时，研究者不需要假设团队内的个人特性都一致，相反，他们试图了解组织内个人特性的组成结构或差异模式。本研究选取具有大专及以上学历，从事管理与技术工作的员工作为主要调查对象。

按照周浩（2004）等的研究，对于共同方法偏差（同源方差）的控制，虽然分为程序控制和统计控制，但研究者首先应该考虑采用程序控制，因为这些方法是直接针对共同方法偏差的来源而设计的。程序控制指的是研究者在研究设计与测量过程中所采取的控制措施，比如从不同来源测量预测与效标变量，对测量进行时间上、空间上、心理上、方法上的分离，保护反应者的匿名性、减小对测量目的的猜度，平衡项目的顺序效应以及改进量表项目等。其中，一个有效的方法是从不同层面测量预测，可以在一定程度上避免由于变量指标从相同受测者中获取而导致预测变量和效标变量之间的人为共变。本研究在调查伊始，就注意到采用程序控制的方法来减少共同方法偏差的影响。如前所述，本研究总体性变量，如组织文化和高承诺型人力资源管理系统构成问卷一，由组织中熟悉情况的总经理、人力资源经理或者其他中上层领导填列；组织信任、与员工创新相关的心理、绩效等结构性变量的题项构成组成问卷二，在组织中选取技术、管理、生产及营销部门的知识型员工填列；关于员工创造性行为和绩效的评价题项，由填列问卷三的员工的部门主管给出。这样，一套问卷由三部分组成，三种不同角色的员工填写，尽可能地克服问卷调查中容易产生的同源方差问题。

　　本研究通过数据收集方式的问卷法对问题进行研究，因此，问卷中题项的选择对数据分析具有重要的影响，本研究对变量的测量流程如下：首先，通过文献综述或与实践界访谈形成最初的题项池（Item Pool）；其次，与学术界专家讨论必要的修改；再次，与企业实践界人士讨论并进行必要的修改；最后，通过预测试对题项进行精炼形成问卷终稿。作者首先查阅了大量相关文献，参照了与本研究相关的测量方法与量表，尽量选择已有的成熟的调查问卷，与导师及研究团队反复讨论、磋商、交流意见后，对初稿进行了修改。然后，选择了三家典型企业的人力资源总监与总经理进行了访谈和讨论，并通过网络问卷的方式进行了预测试，并根据网络上反馈的意见进行调整和修改，形成最终测量和问卷。

　　问卷计分方式采用李克特（Likert）五点量表计分，由"完全不同意"、"不同意"、"不确定"、"同意"、"完全同意"等五个选项组成，分别给予1—5分，1分代表完全不同意，5分代表完全同意，1—5分强度依次增大。

一　组织文化

　　对组织文化的测量，目前较成熟的、使用范围较广的有奎因（1980）等提出的 OCAI 量表，霍夫斯泰德（1990）的组织文化量表、奥莱理

（1991）的 OCP 刻画量表，丹尼斯（1995）等提出的 OCQ 量表，忻榕、徐淑英、王辉（2006）、郑伯壎（1990）、张德（1989）、孙海法（2004）等，以及刘理晖（2007）、周毅（2007）、林芝芳（2006）等均针对中国情境，提出在中国情景下的组织文化测量。

　　徐淑英、忻榕和王辉（2006）得到中国组织文化五个更加稳定和一致的维度：员工发展（$\alpha = 0.82$）、人际和谐（$\alpha = 0.84$）、顾客导向（$\alpha = 0.82$）、社会责任（$\alpha = 0.90$）和勇于创新（$\alpha = 0.80$），并参照奎因对组织文化的区分，在内部整合与外部适应两种价值观组合，区分出四种类型的组织文化：高度聚合型文化（highly integrative culture）、市场导向型文化（market oriented culture）、中庸型文化（moderately integrative culture）和层级文化（hierarchy culture），有学者翻译为强势文化、成长型文化、客户导向型文化和弱势文化。该项研究持续时间长达四年，囊括了国有企业、私营企业及合资企业等中国各种类型的企业，是针对中国企业开发的组织文化量表，在中国管理研究国际学会（IACMR）官方网站上载有其中文原始问卷，该项研究直接进行了选用。

表 4—1　　　　　　　　　　　　组织文化量表

员工发展
1. 关心员工个人的成长与发展
2. 发展员工的潜能
3. 理解、信任员工
4. 重视员工的建议
5. 提供知识及技能的培训机会
人际和谐
6. 重视团队建设
7. 鼓励合作精神
8. 促进员工之间情感的交流
9. 鼓励员工之间的相互协作
顾客导向
10. 员工之间相互体贴
11. 最大限度地满足顾客的需要

续表

顾客导向

12. 客户的利益高于一切

13. 提倡顾客就是上帝

14. 向顾客提供一流的服务

15. 真诚服务客户

社会责任

16. 重视社会责任

17. 企业的使命就是服务社会

18. 经济效益与社会效益并重

19. 重视社会的长远发展

勇于创新

20. 乐于接受新生事物

21. 注重新产品、新服务的开发

22. 鼓励创新

23. 大胆引进高新科技

二　高承诺型人力资源管理系统测量

肖知兴等（2006）在大量文献回顾的基础上，针对的是中国情境形成高承诺型人力资源管理系统测量的 15 个基本题项，因此，本研究作了选用。①

表 4—2　　　　　　　　　人力资源管理实践量表

1. 高层从内部提拔而不是从外部招聘

2. 员工招聘有细致的遴选程序

3. 培训及其他公司组织的各种活动多

4. 轻易不解聘员工

5. 员工的工作范围广泛，有内部轮岗制

6. 业绩考核强调团队业绩，而不仅仅是个人业绩

① 原文为英文，从肖知兴教授处获得中文原始量表，特此感谢。

| 7. 业绩考核强调行为、努力程度，不仅仅是过去目标的实现 |
| 8. 业绩考核强调未来技能的发展，而不仅仅是过去目标的实现 |
| 9. 员工待遇好（包括工资与各种福利） |
| 10. 多数员工持有股权或分红权 |
| 11. 各级员工在收入、地位、学历上尽量平等 |
| 12. 通过建议、抱怨制度及士气调查等手段让员工参与决策 |
| 13. 高层坦率沟通，与员工分享各种信息 |
| 14. 公司强调实现极高的目标 |
| 15. 强调团队工作，集体主义，而不是个人奋斗 |

注：肖知兴开发。

三　组织信任测量

本研究将组织信任分为三个层次：员工对组织整体的信任、员工对直接上级的信任和员工之间的信任。员工对组织信任的测量采用罗宾斯（Robinson S. L.，1996）开发的量表，此量表由 7 个题项构成，Cronbach's α = 0.93。后来的学者也用它来测量员工对组织总体的信任。此量表也被中国学者广泛采用，如贾良定、徐碧祥（2007）等在他们的研究中还对其作了修订。

关于情感信任和认知信任，本研究采用麦卡利斯特（McAllister，1995）开发的量表。他们针对经理人开发出基于认知和情感两维度的组织信任测量量表，由 11 个测量条目组成，其中认知维度包括 6 个测量条目，内部一致性系数为 0.91，情感维度包括 5 个测量条目，内部一致性系数为 0.89。虽然他并未对该量表的效度进行检验，但后来的很多学者均采用了该量表对员工的信任进行测量（Costigan，1998；Chowdhury，2005）。情感信任的题项分别是："我们有共同的关系基础，我们都能自由地分享我们的想法，感受和期望"；"我和我的主管是一种平等的关系，彼此能相互自由地交换各自的想法、感受和期望"；"我能和我的主管毫无拘束地讨论工作中的困难，并且我知道他也愿意倾听"；"如果我和我的主管其中任何一个因为工作变动而离开，不在一起工作，我俩都会感到失落"；"如果我和我的主管讨论我遇到的任何问题，我相信他会关心我，并给我提出建设性意见"；"我必须承认，在我和我的主管的工作关系中，我们两个有相当多的感情投资"，Cronbach's $\alpha = 0.91$。关于认知信任的题项为："我的主管会以专业水准和奉献精神来完成他的工作；根据我的主管一贯的业绩和工作表现，我并不会怀疑他的能力和对工作的胜任"；"我相信我的主管不会因为自己工作的疏忽，而给我的工作造成困难"；"大多数人，即使比较孤僻的人，也会把我的主管当做一个可信任和尊重的同事"；"与我的主管接触过的其他部门的同事，都认为他是值得信赖的"；"如果人们对我的主管的人品和背景有更深入了解的话，他们会比较担心，并加大对他工作情况的监督力度"，Cronbach's $\alpha = 0.89$。

　　本研究在采用该量表时，进行了双向翻译：请不同的博士同学将英文翻译为中文，进行综合比较后，又请硕士同学将中文题项翻译为英文，进行对比，将中文稿中不符合原文语义的部分重新翻译，再请中文较好的同学按照中文的表达方式与语法逻辑对题项进行了修改。最后，作者参考黄国燕的中文量表（见中国管理研究国际学会官方网站www.iacmr.org）对量表作了最后的修订。

表 4—3　　　　　　　　　　　　　组织信任量表

1. 我相信公司（组织）是非常正直的
2. 我相信公司（组织）会以一致（一贯）的、可预测的方式对待我
3. 我觉得公司（组织）并不总是诚实（可信）的（R）
4. 总的来说，我相信公司的动机和意图是好的
5. 我认为我的公司（组织）对我是坦率的、开放的
6. 我认为公司能公平地待我
7. 我相信我的公司能为我的工作提供帮助和支持
8. 我相信我的公司会关心我的福利
9. 我完全相信我的公司
10. 我和主管是一种平等关系，能自由交换各自的想法、感受和期望
11. 能和主管毫无拘束地讨论工作中的困难，我知道他也愿意听
12. 我和主管任何一人离开，不在一起工作，我俩都会感到失落
13. 如果我找主管讨论我遇到的任何问题，相信他会关心我，并给出建设性意见
14. 我承认，在我和我的主管的工作关系中，我俩都投入了相当多的感情

15. 我的主管会以专业水准和奉献精神来完成他的工作
16. 根据主管一贯业绩和工作表现，我并不会怀疑他的能力和对工作的胜任
17. 我相信我的主管不会因为自己工作的疏忽，而给我的工作造成困难
18. 大多数人，即使较孤僻的人，也会把我的主管当做值得信赖和尊重的同事
19. 其他部门的同事，只要与我的主管接触过的，都认为他值得信赖
20. 对我主管人品和背景深入了解后，人们会担心，从而更加关注他的工作（R）
21. 我和我的同事们能相互自由地交换各自的想法、感受和期望
22. 我可以和同事毫无拘束地讨论工作中的困难，并且我知道他们也愿意倾听
23. 如果我和我的同事因工作变动而分开，不在一起工作，我们都会感到失落
24. 如果我和同事讨论我遇到的任何问题，他们会关心我，并给出建设性意见
25. 我必须承认，在工作关系中，我和同事都投入了相当多的感情
26. 我的同事会以专业水准和奉献精神来完成他的工作
27. 根据同事们一贯的业绩和工作表现，我并不会怀疑其能力和对工作的胜任
28. 我相信我的同事不会因为自己的工作疏忽，而给我的工作造成困难
29. 大多数人，即使比较孤僻的人，也会信赖和尊重我的同事
30. 其他部门与我们接触过的同事，都认为他们值得信赖
31. 对我们团队的人品和背景有所了解后，人们会较担心，会加强监督工作（R）

注：R 为反向编码。

四　员工创新的相关测量

与员工创新相关的测量，主要来自国外文献，所有量表的 α 值均大于 0.70（Hair Anderson，Tatham & Black，1998）。对问题的题项进行了双向互译工作，首先，请同学将英文译为中文；其次，又请有双语背景的同学，在没有看到英文题项的情况下，将翻译过的中文题项独立地翻译为英文。然后，将中文译稿与英文原文逐字逐句地进行对照检查，以达到"信、达、雅"的目标。

从文献综述可知，员工创新心理分为员工创新角色的自我认同、创新意愿和创新自我效能感。创新的角色认同（creative role identity）指员工认同自己是组织中创新的一员。贝克（Burke，1991）等通过研究自我认同与工作场所创新的相关关系，解释了员工个体的自我形象、自我认同对创新的影响，培卡斯（Petkus，1996）等的研究进一步发现了自我概念的角色认同与员工创新绩效的相关性。泰尼等（2003）对员工创造力及创新角色的认同做了研究，探索了员工创新的角色认同与创新绩效之间的关系，并对相关影响因素作了实证考察。他们发现员工的创新角色认同与员工创新绩效密切相关，受到可感知的组织创新价值观影响。如果组织存在创新的价值观，对创新的认可度高且创新氛围较好，则员工的创新角色认同强，创新绩效佳；反之，员工的创新角色认同低，创新绩效则差。同时，员工创新的角色认同本身受到同事对其创新角色的认可程度、员工自己对过去创新绩效的认知和评价以及支持创新的文化价值观影响。泰尼等（2003）针对工作场所员工的创新角色自我认同开发了包括四个题项的量表，见题项 1—4 表 4—4。金（2004）利用行为规划理论（theory of planned behavior），用创新自我效能感与创新意愿两个变量构造了员工参与创新的心理过程，他认为，这个隐含在员工内心的心理过程指引着个体在特定环境下用创新的方法解决问题。他以创新心理过程作为中介变量，研究了个体因素与社会情景因素通过对创新心理过程的影响最终对创新绩效的影响，通过内因和外因对创新自我效能感和创新意愿产生激发，使个体更愿意参与创新，创新绩效得到提高。内因指具有创新性的个人特质和参与创新的能力，外因主要指社会情境因素，包括领导的支持和团队开放的环境。金针对开发了包括两个题项的量表对创新意愿进行了测量，$\alpha = 0.83$。本研究选取此量表对创新意愿进行测量，见题项 5—6。泰尼等（2003）开发出创新与自我效能感的测量量表，他们认为创新自我效能感可从以下四个方面加以概括：能产生新的想法；对创新性地解决问题充满自信；有帮助其他人完成新主意的技巧；能发现解决新问题的办法。据此，开发出测量创新自我效能感量表，α 值均超过 0.83，见题项 7—10。

员工创新性行为量表选自斯科特等（Scott & Bruce, 1994）的"创新绩效的决定因素：工作场所中个人创新的路径模型"，Scott 等认为，创新是一个产生想法并将想法付诸实践的过程，它包括创意的产生和完成两个部分，因此，要求员工能参与其中，并用行动来完成。在创新过程中，个体表现出的行为各不相同，有的人可能会表现出更多的创新绩效，有的人可能只具备其中的某些行为，因此，需要对员工创新绩效进行评估，量表共计有六个题项，见题项 11—16。

表 4—4　　　　　　　　　　　**员工创新相关量表**

创新角色的自我认同

1. 我经常思考工作中可改进的问题，并考虑提供什么建议

2. 我对自己是不是属于创新型的员工并没有很清晰的概念（R）

3. 我不太清楚自己是否应该经常提供建设性的意见或建议（R）

4. 我认为提出有见地的、创新性的意见是我工作职责的一部分

创新意愿

5. 我有强烈的冲动为自己的团队提供新的、具有建设性的创意

6. 我愿意在工作中贡献自己的创意、提出改进建议，并尽可能实践它们

创新的自我效能感

7. 我觉得自己擅长提出各种新的想法和改进工作建议

8. 我相信自己有创造性地解决问题的能力，可以不断地改进工作

9. 我具备为其他同事完善他们创意思想的技巧

10. 我擅长找到各种新的方法解决问题

员工创新绩效

11. 能主动寻找并采用新技术、新程序、新工艺，有改进产品的新创意

12. 能不断针对工作提出新的、具有创造性的改进意见

13. 积极地向别人推销自己的新想法，并坚决捍卫自己的想法

14. 为完成与革新相关的创意，自觉进行资金预算，并主动寻求资金支持

15. 为实现新的创意而制订详尽的计划，并能列出完成计划的时间进度表

16. 是一个勇于创新的员工，乐于在工作场所表达自己新的观点

注：R 为反向编码。

五　控制变量的测量

控制变量与自变量一起，对因变量产生影响，研究中应当尽量收集控制变量数据，以减少外在因素对因变量的干扰，影响研究成果。根据前人的研究成果，组织的相关因素对绩效及创新均会产生影响，本研究选择组织结构、组织规模、成立年限、所在行业及所有权等作为组织层面的控制变量。

泰尼等（2003）的研究还表明，工作能力强，受教育年限相对高，能做好日常工作的员工以及从事相对复杂工作的员工，更愿意参与到创新的活动中。能做好日常工作的员工，在完成程序性的工作过程中，累积的自信心和工作经验对创新的信念会产生推动作用。而相对复杂的工

作，则经常需要员工在工作中要创造性地解决问题，因此，得以激发出
员工的创新绩效。因此，选取员工作能力与性质、平均教育程度、工作
岗位等人口统计变量作为个体层面控制变量。

第二节　问卷设计

一　问卷设计原则

本研究在大量文献的基础上，设计了调查问卷。在问卷的设计过程
中，遵循了以下原则：

首先，尽量采用国内外较为成熟的量表，在同等情况下，选择有中文
原文的问卷，同时，向原作者征得同意使用的权利，如人力资源管理实践
量表、组织文化量表。在量表的使用过程中，注意保证原量表的完整性，
按罗胜强的观点，一个成熟量表，是经过原作者仔细推敲，经过信度和效
度的检验，如要引用，不应对题项进行随意删减（罗胜强，2008）。

其次，在问卷中，尽可能使问题简明、便于回答和有吸引力（李怀
祖，2004）。采用封闭式问题，在不影响答题质量的情况下，用李克特
5 点计分，方便回答，方便资料整理与定量分析。

最后，在问卷的设问和备选答案中，尽量不能带有倾向性，以免对
回答者产生诱导，力图使问卷保持客观公正。

二　问卷的形式编排

本研究由于涉及组织层面的变量与个体层面的变量，调查对象不
同，因此，将问卷分为组织层次与员工层次两个部分。组织层次的问卷
定名为问卷一，包括组织文化量表与高承诺型人力资源管理系统量表，
以及组织的基本情况，如成立年限、组织规模、员工构成等。鉴于普通
员工可能对组织中的总体情况不是太了解，因此，调查的对象限于组织
中的中层以上领导，如总经理、分管工作副经理、人力资源经理等。

个体层面的问卷包括组织信任量表、员工创新量表，以及员工的基
本情况。调查对象针对组织中从事一定复杂工作的受过高等教育的员
工，具体人员由主管领导随机选定。

在员工创新的量表中，涉及创新的心理过程（创新的态度、意愿）

与创新的行为。创新的心理过程是员工的主观意识，而创新绩效表现为一种外在的客观绩效，由其他人做出评价将更具说服力。因此，为减少同源方差的影响，增加结果的客观性，本研究在问卷的编排上，对个体层面的问卷进行了调整，将其拆分为两个问卷：问卷二和问卷三。问卷三内容包括组织信任、创新心理过程及员工基本情况，由组织中随机抽取的员工填答，而问卷二针对员工的创新绩效，采用 Scott 的创新绩效评价量表，由主管针对该员工的创新绩效、表现进行评价打分。每个员工填答问卷三一份，而主管可能会为多个员工作出评价，因此，要填答问卷二多份。

　　因此，整套问卷由问卷一、问卷二、问卷三三部分组成，整套问卷通过编号控制，完成配对。编号原则是能通过编号看出问卷一、问卷二、问卷三是一套问卷。问卷编号均以单位名称的大写拼音字母缩写开头（为避免混淆，尽量在问卷中注明单位的中文名称），如调查江苏电线公司，则问卷开头编号均为 JSDX，问卷一编号为 JSDX – 1，按相同原则将一份问卷二与问卷三编在一起，以便问卷回收后的配对。如江苏电线某一部门 3 位员工填答问卷，则问卷三分别编为 JSDX – 001，JSDX – 002，JSDX – 003，相应的，问卷二编为 JSDX – 001，JSDX – 002，JSDX – 003。这样，凡 JSDX 开头，为一个单位，问卷二编号为 JSDX – 001 与问卷三编号为 JSDX – 001 针对的是同一个单位的同一个员工。为确保问卷二与问卷三能准确配对，在问卷二同主管填答的问卷部分开头，设置了两个检索性选项：1. 该员工性别：①男；②女；2. 该员工工作岗位：①高管；②中层管理者；③基层管理者；④技术人员；⑤文员；⑥一般员工。

三　社会称许问题的避免

　　问卷中，涉及组织信任这样较为敏感的问题，涉及主管对员工的评价，不可避免地会存在社会称许问题。社会称许是为获得社会赞赏和接受的需要，并且相信采取文化上可接受和赞许的行为能够满足这种需要。韩振华和任剑峰（2002）指出禁忌性和敏感性问题、自我与社会价值规范间的差异、涉及压力知觉和面子等问题是社会称许性偏见产生的主要原因和条件。荣泰生（2005）也认为敏感性问题会造成社会期待的偏差，即个体回答时所想的是社会而非自己如何考虑这个问题。高斯特等（Ganster, Hennessey & Luthans, 1983）进而指出社会称许性会对研究产生负面的影响，主要表现为社会称许性会降低测量问卷的信度和效度。为了降低社会称许反应偏差的影响，使问卷测量更具真实性，本研究在问卷设计中采用了如下应对措施：

首先，尽量消除被测者的戒备心理。在问卷开始，首先向被测者说明本次调查的目的，并强调他们的参与对本次研究的重要意义，承诺获取的数据仅供研究之用，从而消除被测者对商业用途的反感情绪，努力赢得被测者对本研究的理解和支持。

其次，向被测者郑重承诺保护填答者的隐私权。问卷以编号的方式出现，保证问卷回收后个人信息不被泄露。在可能的情况下，填答问卷三的员工不知还有问卷二，他们不清楚主管会做出什么评价。问卷填答完毕后，尽量以电子邮件方式或者信件方式直接交给研究者本人或其代理人。

再次，对于敏感性问题进行了相应的处理。如对于员工年龄，采用数值归档法，将年龄划分为几个区间，请被测者选择。将敏感性问题分开，如将上级主管信任问卷放在组织信任后面，让员工先填答其他的方面，消除其戒备心理。

最后，设置反向问题。郭庆科、韩丹和王昭等（2006）认为测验中平衡综合使用正向、反向陈述题目可以减少反应偏差。本研究通过设置反向问题，将正反向问题进行比较，剔除不合格问卷，以降低社会称许的反应偏差。

第三节　问卷预测试

荣泰生（2005）认为由于不同文化背景下形成的量表在语言、修辞及成语使用上会存在差异，因此需要对量表进行预测试（pretesting），以发现量表存在的不足和受测对象对于填答的兴趣，进而为量表的修订提供依据。

本研究的小样本调研采取网络方式进行，将问卷设计为网页，点击鼠标即可选定答案，通过邮件的方式放送给选定组织，填答完毕后经由电子邮件发回研究者。

通过网络联系，确定20家企业为调查对象，发出了问卷，最后有9

家企业作出了回应，回收率为45%。收回组织层次问卷一计13份，员工层次问卷89套（问卷二和问卷三配对为一套）。对回收的问卷按如下原则进行筛选：（1）问卷中有多处缺答现象的予以删除；（2）问卷填写呈现明显规律性的予以删除，如答案呈"Z"行排列、所有条款选同一选项等；（3）基于问卷中设置的反向条款，检验出前后条款结论相矛盾的予以删除；（4）问卷中"不确定"选项过多的予以删除；（5）同一企业回收的问卷存在明显雷同予以删除；（6）对员工层次问卷，问卷二和问卷三不能通过编号准确配对的予以删除。得到有效问卷如下：问卷一为8份，问卷二与问卷三配对后得到79套。有效回收率为61.53%和88.76%。

对问卷进行初步分析，可知：

表4—5　　　　　　　　　　　　　预测试企业概况

		频数	百分比	累计百分比
行业性质	生产	5	55.6	55.6
	服务	3	33.3	88.9
	其他	1	11.1	100.0
公司类型	私营企业	7	77.8	77.8
	国有企业	1	11.1	88.9
	合资企业	1	11.1	100.0
成立年限	5年以下	3	33.3	33.3
	6—20年	4	44.4	77.8
	21—30年	1	11.1	88.9
	30年以上	1	11.1	100.0
员工人数	50人以下	1	11.1	11.1
	51—500人	3	33.3	44.4
	501—800人	3	33.3	77.8
	2000人以上	2	22.2	100.0
大专以上员工比例	5%以下	1	11.1	11.1
	6%—40%	5	55.6	66.7
	41%—80%	2	22.2	88.9
	80%以上	1	11.1	100.0

可见，预测试的样本具有一定的多样性，包括了国有企业、民营企业及外商投资企业，组织规模有大有小，有 50 人的小企业，也有 2000 人的大企业，所处行业为生产、服务及销售。

参与调查的员工基本情况，从员工性别、婚姻状况、年龄、学历、工作岗位和工作年限等方面进行分析，79 位员工的统计情况如表 4—6。

表 4—6　　　　　　　　**预测试员工概况**

		频数	百分比	累计百分比
员工性别	男	58	73.4	73.4
	女	21	26.6	100.0
工作岗位	高层	1	1.3	1.3
	基层管理	13	17.7	17.7
	技术	33	41.8	59.5
	生产	29	36.7	100.0
	管理	3	3.8	63.3
婚姻状况	已婚	49	62.0	62.0
	未婚	30	38.0	100.0
年龄	20 岁以下	1	1.3	1.3
	21—30 岁	60	75.9	77.2
	31—40 岁	17	21.5	98.7
	41 岁以上	1	1.3	100.0
学历	高中以下	1	1.3	1.3
	中专	2	2.5	3.8
	大专	22	27.8	31.6
	本科	42	53.2	84.8
	研究生以上	12	15.2	100.0
工作年限	10 年以下	43	54.4	54.4
	11—20 年	26	32.9	87.3
	21 年以上	10	12.7	100.0

根据在实地调查过程中得到的员工反馈意见及预测试数据的分析结果，对初始测量量表做了以下修正与补充：

（一）对整个量表编排的合理性做出评估，根据反馈意见，将格式进行了转化，如被测者反映，每一行均有分割线，使填答者难以对答案一一对应，容易错位，因此，将每一行的分割线取消。同时，鉴于一份量表太长，将调查表人为地分开，形成独立的几个部分，减轻填答者的心理负担。顺序进行调整，如主管信任的测量条款相对于组织信任更具有敏感性，因此将组织信任的测量条款放到主管信任的测量条款的前面，以消除被测者的戒心。

（二）对量表语句进行进一步的提炼与调整：对取自成熟的中文量表，但是易造成歧义的题项进行了修改。

创新绩效量表的语句按照中文的习惯，对原翻译作了语句的调整和修改，原量表太过言简意赅，不利于判断，因此，做了必要的改动。

原量表为：

（1）寻找新的技术、程序、工艺，改进产品；（2）不断产生新的创意；（3）为他人的创意提供建设性的意见；（4）为实现新的创意，寻求资金保障；（5）为实现新的创意制订详尽的计划，并能列出时间进度表；（6）乐于吸收新观念。

经修改的量表为：

（1）能主动寻找并采用新技术、新程序、新工艺，有改进产品的新创意；（2）能不断针对工作提出新的、具有创造性的改进意见；（3）积极地向别人推销自己的新想法，并坚决捍卫自己的想法；（4）为完成与革新相关的创意，自觉进行资金预算，并主动寻求资金支持；（5）为实现新的创意，制订详尽的计划，并能列出完成计划的时间进度表；（6）是一个勇于创新的员工，乐于在工作场所表达自己新的观点。

（三）增加了部分测量条款。

首先，在预调查过程中，经过与员工的访谈，认为组织对待员工的态度以及所给予员工的福利必然影响员工的组织信任。按照互惠原则，组织关心员工的福利，员工将会更加信任组织。徐碧祥通过对员工访谈和专家访谈，发现员工相信组织会给自己提供工作上的支持是同事信任组织的重要构成要素，因此增加了测量题项："我相信我的企业能为我的工作提供帮助和支持。"最后的内部一致性信度 Cronbach 值为0.9009。本研究借鉴徐碧祥的做法，将罗宾斯（Robinson，1996）的量表增加了"我相信我的企业会关心我的福利"和"我相信我的企业能为我的工作提供帮助和支持"两个题项。因此，本研究对组织信任的测量列出了九个题项，增加了"我相信我的企业能为我的工作提供帮助和支持"，"我相信我的企业会关心我的福利"。

其次，进一步的文献回顾发现，员工的工作能力与工作性质影响其创新绩效，因此，在主管问卷二中，增加了对员工工作能力评价的题项："能保证工作的质量"；"工作效率较高"；"可以完成工作目标和要求"。这三个题项作为判断员工工作能力、态度与性质的控制变量。

本研究通过上述对量表的修订，确定了最终测量量表，进而开展了后续的大样本调研。

第四节　研究对象选择与数据收集

一　研究对象选择

本研究的焦点是员工创新绩效的组织影响因素分析，如果组织样本量过少，有可能影响到研究结论的得出。因为同一个组织中，执行的是同一个人力资源管理政策、拥有共有组织文化，因此，本研究对组织选择的原则是组织样本要尽可能地多样化，选择不同行业、不同所有制形式、不同规模的企业进行研究，避免使研究局限于某一类型的公司或行业。在保证尽可能客观地收集到所需数据的前提下，本着便利抽样的原则，我们选择了云南省、江苏省两个地区进行调研，本研究中，地域的差异并不是所关注的焦点，从众多城市选取调查样本更能显示出多样化的组织因素。

同时，在调查前，对参与调查的员工也做了一定的筛选，要求其所从事的工作应具备一定的复杂性，而不是流水线上从事简单、固定工作的操作工，对其所在的部门没有做出要求，主要来自研发、技术、生产、销售、财务和管理部门，因此，在员工的选取上也保证了多样性。

二　数据收集过程

问卷的发放主要采取了三种方式进行：自行上门调研、收取，电子邮件联系，以及委托与企业关系密切的人帮忙发放。

自行上门发放与电子邮件形式主要用于预调查阶段，通过面对面的沟通与电子邮件的往来沟通，可以及时得到反馈信息，对问卷进行修改与调整。在大规模发放阶段，为取得组织的信任与配合，委托与企业有关联的人帮忙发放，如税务局分管领导、科技厅相关人员及银行信贷部的人等。

三　样本数量

对于样本量的大小，原则是尽可能地多一点，样本量越多，估计数越精确，统计检验力越高，这样解释效果会越好。对于究竟要多少样本数才能达到适当的统计检验力与无误的分析结果，已有很多研究成果，如根据相关的统计分析理论，进行基本的统计分析，如描述性统计、相关分析等，一般需要 30 份；何晓群（2004）认为样本数需要 100—200，进行多元统计分析更为恰当；而海耳（Hair，1998）等指出，如果进行基本的回归分析，样本数至少是模型变量数目的 5 倍；霍夫曼（Hofmann，2002）、巴塞瑞（Bassiri，1998）等认为在检测中层次交互作用的效果时，为了达到 0.90 的统计检验力，必须有 30 个群体样本数，且每个群体包含 30 个个人样本数。马思等（2005）通过模拟研究检测 Level—2 和 Level—1 在不同样本数的情况之下，对多层次分析中的估计值（回归系数和方差）与其标准误的影响，结果显示，只有在 Level—2 为小样本（小于或等于 50）时，会导致对第二个层次的标准误有偏误的估计，而在其余的模拟情况下，如 Level—1 为小样本时，回归系数、方差以及标准误的估计皆无偏误且正确。因此，在保证更高层次的样本数量的情况下，低一层次的样本量可多可少，即组织层次的样本量足够大时，每个组织中的员工数可多可少，廖卉、庄瑗嘉（2008）指出，较大的 Level—2 样本数，可以弥补 Level—1 小样本数在统计检验力上的不足。

本研究按照上述原则进行了问卷的发放，针对多家组织，要求组织内多个员工参与填答，为保证研究质量，对员工的所在部门作了相应的要求，流水线上的操作工、无技术含量工种、工作中无主动权的员工均不在本调查范围之列。本研究以多样化的抽验为获取样本的原则，针对跨地区、跨行业、跨企业性质的组织，抽取不同部门、不同工种、不同年龄的员工进行抽样，主要采取随机抽样的原则。调查在中国的江苏省和云南省两地进行，根据社会资源的定向，采用中文问卷，2008 年 8 月开始进行预调查，整个调查工作完成于 2008 年 12 月，历时三个月。

由于找了不同部门和地区的人帮助发放，因此，问卷发出的具体份数不是很清楚，但是，最后得到了 208 家企业的回复。

回收问卷中，对题项遗漏、填答不完全者不用；连续 10 个题项选择同一题项者不用；一题多选者不用；几份问卷答案完全相同者不用；一套问卷中，如果问卷一有明显问题者，如果剔除的是组织层次问卷，则该组织中的所有员工问卷也一并剔除，全套问卷均不用。经过筛选，计有 143 个组织的问卷有效，其中，关于组织层次的问卷，有的组织填答的问卷一不止一份，因此，收回组织层次的有效问卷 204 份，员工问卷 497 套。

第五节　数据分析方法

一　量表的信度与效度分析

本研究在假设检验之前，首先对量表的信度与效度进行分析。

信度表示对于同样的对象，运用同样的观测方法得到同样观测数据（结果）的可能性。也就是说测量的准确程度，即测量结果的一致性或稳定性，是测量的工具免予随机误差的程度。可以通过以下项目检验：再测信度、平行信度、折半信度及内部一致性。再测信度指对同一情况重复测量的信度相关系数；平行信度指两种测量具有相似项目和相同回答模式，只是文字和顺序的改变。两个指标反映出测量的稳定性，指除测量情境或受测者本身状况外，测量的准确程度。折半信度指一次测量数据一分为二后的相关性；内部一致性指受测者对量表中所有项目答案一致性程度的测试，它们共同反映出测量的一致性，即同一结构中测量项目的同质性，受测者的回应对每个项目都有相同的意义。

本研究采用 Cronbach 的一致性系数来分析信度，Cronbach 值均大于 0.7，说明具有高可信度。

效度是判断度量结果是否真正是研究者所预期的结果，是指数据与理想值的差异程度。本研究采用验证性因子分析检测问卷的效度。

二　假设检验

本研究运用多层线性模型的方法检验所提出的假设。多层线性模型

（Hierarchical Linear Model，HLM）是研究多层次数据（multilevel data）不可或缺的一项统计方法，国外已将此统计方法运用于诸如医护、教育、管理、经济等多个领域，国内心理学领域与管理学领域也多有运用。多层线性模式在不同领域有着不同名称，统计学上也称为共变量成分模式（covariance component models），社会学研究中一般称为多层线性模型（multilevel linear models）、生物统计学称为混合效果模型（mixedeffects models）、计量经济学称为随机系数回归模型（random co-efficient regression models）。

　　HLM 是探讨个体层次因变量变异的回归分析，应用回归原理到多层次数据结构的统计技术，包含个体层次（individual level）与组织层次（organizational level）等不同层次跨层次数据处理，适用于嵌套（nested）资料的统计方法（温福星，2009）。当分析问题具有多层次结构，并且低层的变量受到高层变量的影响时，若仍使用传统回归分析或方差分析方法，将可能会使分析结果的系数产生偏误，例如，回归系数估计值的标准误过小，导致容易拒绝虚无假设，甚至导致可能虚假的结论与第一类统计错误的发生。HLM 除考虑组织层次自变量对个体层次因变量的影响、个体层次自变量对个体层次因变量的影响外，也考虑到组织层次的因变量对个体层次自变量和对个体层次因变量的影响关系的调节作用，同时，还考虑组织层次的误差变异，将原本回归分析的单一方差拆解为个人层次与组织层次的方差。这样，所构造的模型不仅可同时兼顾个体层次与组织层次的变量，还能考虑到组织内个体之间的相互关系，以及组织间的相异性特征，其有效克服了依据个体层次分析的统计结果推论到组织层次的原子谬误（atomistic fallacy）和依据组织层次分析的统计结果推论到个人层次发生的生态谬误（ecological fallacy）（温福星，2009）。

　　本研究希望探究员工创新的个体与组织两个层面的激发机制，不仅研究个体层面组织信任作为自变量对员工创新（因变量）的影响，也要考察组织层次的因素如组织文化及人力资源管理实践对员工创新的推动作用；同时，检验组织层次因素对组织信任与员工创新的调节作用。因此，采用 HLM 进行假设检验是一个较好的选择。

第五章 量表的信度和效度分析

第一节 量表的信度分析

信度是指测量数据、资料与续集的可靠程度，即采用同样的方法对同一个对象进行重复测量时所得到结果的一致性程度。研究者通过信度的检验，可以了解测量工具即问卷本身是否适当。信度是进行测验的一个必要条件，是评价问卷质量的基本指标之一。一个信度良好的量表具有稳定性和内部一致性，当不同的主评者、评分者在不同的时间和情境下对同一个对象进行测试时，所得的分数应该是接近的。但它并不是充分条件，信度很高的测验不一定能准确地反映出真实的情况。

本研究采用内部一致性 Cronbach's Alpha 系数对量表信度进行衡量，这是目前社会学研究中较常用的测量信度值，当 α 值越大，说明量表的信度越高。社会学研究中，对于 Cronbach's Alpha 值究竟多大为可接受，学者态度不一，一般认为大于 0.5 即在可接受范围（Formell & Leraker，1981），大于 0.7 以上为高信度，小于 0.35 为低信度（Guieford，1965）。根据以上学者的观点，本研究中，如 Cronbach's Alpha 低于 0.5，则判定为低信度，拒绝接受；大于 0.5，则可接受。

在做分析前，将所有反向题项的答案进行了正向反转，将原答案为 1 者，转化为 5；原答案为 2 者，转化为 4；3 不动；将原答案为 4 者，转化为 2；将原答案为 5 者，转化为 1。这样得到新的答案列表，以便进行下一步分析。

本研究中各个量表的信度检测如下表：

表5—1　　　　　　　　　　　量表的信度检测

建构	项数	Cronbach's Alpha，信度系数
组织文化	23	0.855
高承诺型人力资源管理系统	15	0.832
组织信任	31	0.858
员工创新角色	4	0.644
员工创新意愿	2	0.527
员工创新效能	4	0.797
员工创新绩效	6	0.828

本研究所有建构量表的 Cronbach's Alpha 值均超过 0.5，组织文化、人力资源管理实践、组织信任和员工创新相关量表等还超过了 0.8，说明本研究的建构测量信度较高，测量信度得到保障。

本研究还有针对性地对一些分量表信度系数进行了计算，对各个分量表的信度检测如下：

表5—2　　　　　　　　组织文化分量表 Cronbach's Alpha 值

建构	项数	Cronbach's Alpha，信度系数
员工发展	4	0.735
人际和谐	4	0.744
顾客导向	6	0.852
人际和谐	4	0.806
创新导向	4	0.821

综合各项信度指标分析，说明组织文化的测量具有较为理想的信度，测量题项具有较好的一致性。

本研究对构成人力资源管理实践的各个分量表进行了信度的分析，各分量表的 Cronbach's Alpha 值如下：

表5—3　　高承诺型人力资源管理实践分量表 Cronbach's Alpha 值

建构	项数	Cronbach's Alpha, 信度系数
员工甄选	4	0.819
广泛培训	4	0.839
内部激励	5	0.748
就业安全	2	0.550

综合人力资源管理实践量表的各项信度指标，说明本研究针对人力资源管理系统的测量具有较高的内在一致性。

组织信任分量表的信度系数计算：

表5—4　　　　组织信任分量表 Cronbach's Alpha 值

建构		项数	Cronbach's Alpha, 信度系数
系统性信任		9	0.748
主管信任	情感信任	5	0.721
	认知信任	6	0.552
同事信任	情感信任	5	0.701
	认知信任	6	0.684

分量表的信度均达到最低要求 0.5，甚至大于了 0.7，说明组织信任量表的信度较高，宜予采用。

第二节　量表的效度分析

效度或者指对所测量的特质正确性进行验证，或者指衡量测验是否能够测量到所要测量的特质程度。通俗地说，是指数据与理想值的差异程度，是判断度量结果与研究者所预期的结果相近程度的指标，一般分为效标相关效度（criterion-related validity）、内容效度（content validity）和构建效度（construct validity）。

效标相关效度是指测量结果与所欲测量的特质间的相关程度，也可以说是显变量和潜变量之间的相关程度，必须要有良好的外在准则作为关联的基础。效标效度受到测量本身的随机测量误差变异的影响，也受到效标的误差变异的影响，不同效标可能产生不同的效度，使得效度系数的不确定性增加。而且，对于许多测量而言，根本没有效标可用，也就无法计算效度系数，因此，本研究不再探讨效标效度。

内容效度是指测量本身所能包含的概念意义范围或程度，即测量工具的内容适合性、测量内容是否针对欲测的目的及涵盖研究主题的程度。涵盖程度越高，则越满足内容效度的要求。

内容效度很大程度上是依赖逻辑的处理而非统计的分析，大多数学者更倾向于认为内容效度是一种质性类型的效度。所以，内容效度对于理论的依赖很强，依赖于研究者在选择指标时是否依据强的理论支撑，是否能涵盖所要测量的内容领域。其实质是测量内容或者测量指标之间的适合性和逻辑性。评价的关键在于问卷所收集到的信息是否与所预测的概念和内涵相符，如果两者之间较为符合，则说明问卷的内容效度较高。本研究在量表开发过程中，选用了在文献中占有一定地位的量表，具有较高的信度和效度；注意使用在研究中被反复使用的量表。同时，用发表在国际权威学术期刊上的量表，但是针对中国情境的研究，量表有中文版，并取得了作者的同意，如组织文化量表和人力资源管理实践量表，部分克服了文化上和语言上的局限性，尽量使用最新的量表，如组织文化量表发表时间为 2006 年，高承诺型人力资源管理系统量表发表时间为 2006 年，控制了时间上的局限。即使从英文翻译过来的量表，也严格遵循国际通行的双向互译方法，保证了语句的适应性，对自行设计的量表，也完全按照理论的定义，并进行了预测（具体措施在第四章研究设计中有详述）。总之，经过程序的严格控制，本研究的调查问卷应该具备良好的内容效度。

构建效度是指能有效测量某一构建的程度，是理论发展和检验的必然条件，其实质是指变量的意义或衡量，是否能真正代表所要研究的概念、聚合效度和区分效度组成。聚合效度，或称收敛效度（convergent validity），指构建测量条目的负荷均具有统计显著性，通过不同方式测量同一构念时，所观测到的数值之间应该高度一致，不同的观测变量是否可用来测量同一个潜变量。区分效度（discriminant）指运用不同的方法测量不同构念时，所观测到的数值之间应该能够加以区分，即不同的潜变量是否存在差异。本研究以下部分将重点验证问卷的建构效度。

对于组织信任的建构效度，采用验证性因子分析的方法进行检验。本研究利用结构方程模型来进行验证性因子分析，使用 lisrel8.7 软件。结构方程模型（SEM）属于验证性（confirmatory），而非探索性（exploratory）的方法（Hair, Anderson, Tatham & Black, 1998），因此，针对某一理论模型，可借助 SEM 进行数据实证。一般结构方程模型对样本的要求是题项的5—10倍，组织信任有31个题项，样本量为497份，样本数量符合要求。

本研究具体效度检验的步骤根据黄芳铭（2005）的建议进行，包括三种检验：违反估计的检验、整体模型适配度的检验以及单个题项的效度检验。违反估计的检验是效度检验的基础，首先要对模型的输出结果进行评估，如有违反估计，则必须加以处理，否则其后的两种检验无效。通过整体模型适配度的检验，验证模型整体上的效度，单个题项的效度检验主要是看标准化参数是否显著。

一　组织信任效度检验

首先进行违反估计的检验，根据海耳（Hair, 1998）的建议，主要从以下三个方面进行检验：有无负的误差变异数存在；标准化系数是否超过或太接近1；是否有太大的标准误。根据验证性因子的分析结果，对组织信任三因子模型参数估计数列表如下：

表5—5　　　　　组织信任三因子假设测量模型参数估计表

参数	非标准化参数值	标准误	T 值	标准化参数值
组织信任 1	2.06	0.16	13.15	0.39
组织信任 2	2.42	0.16	15.47	0.45
组织信任 3	1.20	0.16	7.33	0.22
组织信任 4	0.75	0.17	4.53	0.14
组织信任 5	2.19	0.16	13.84	0.41
组织信任 6	2.23	0.16	14.08	0.41
组织信任 7	1.71	0.16	10.54	0.32
组织信任 8	2.26	0.16	14.35	0.42
组织信任 9	2.38	0.16	15.10	0.44

参数	非标准化参数值	标准误	T 值	标准化参数值
组织信任 10	0.60	0.06	10.28	0.60
组织信任 11	0.63	0.06	11.29	0.63
组织信任 12	0.41	0.05	7.98	0.41
组织信任 13	0.64	0.06	11.38	0.64
组织信任 14	0.52	0.05	9.77	0.52
组织信任 15	0.59	0.06	10.73	0.59
组织信任 16	0.60	0.06	10.90	0.60
组织信任 17	0.29	0.05	5.75	0.29
组织信任 18	0.63	0.06	11.27	0.63
组织信任 19	0.66	0.06	11.64	0.66
组织信任 20	0.65	0.06	11.01	0.49
组织信任 21	0.54	0.05	10.28	0.43
组织信任 22	0.43	0.05	8.37	0.34
组织信任 23	0.55	0.05	10.33	0.43
组织信任 24	0.49	0.05	9.41	0.39
组织信任 25	0.68	0.06	12.35	0.54
组织信任 26	0.67	0.06	12.19	0.53
组织信任 27	0.61	0.05	11.35	0.49
组织信任 28	0.48	0.05	9.16	0.37
组织信任 29	0.58	0.05	10.82	0.46
组织信任 30	0.67	0.06	12.19	0.53
组织信任 31	0.55	0.05	10.33	0.43

　　从表中可以看出，首先，标准化参数的绝对值在 0.39—0.75 之间，皆未大于 1，说明并非是过大的参数，因此，这一相关值并不违反估计。其次，变量的测量误差值在 0.05—0.19 之间，显示无太大的标准误，且无负的误差变异数，这些结果表示皆无发生违反估计的现象，因此，可以进行评价整体模型的适配。

　　结构方程模型对各潜变量题项进行验证性因子分析的结果见下表：

表 5—6　　　　　　　　**组织信任 CFA 主要适配指标一览表**

潜变量	所含因子	χ^2	df	χ^2/df	CFI	RMSEA	GFI
组织信任	3	1543.78	375	4.11	0.92	0.086	0.81

表中各拟合度指标用来衡量模型与数据的拟合程度，各指标含义如下：

卡方自由度比（χ^2/df）表示 SEM 假设模型的导出矩阵与观察矩阵的差异程度，会受到样本数的影响，所以也有学者建议小于 5 也可以接受。本研究中为 4.11，整个模型具有可接受的拟合度。

比较拟合指数（CFI）在小样本 SEM 分析时常被视为重要的评估指标，本研究中为 0.92，大于 0.9，说明三因子模型与独立的组织信任模型差异明显，可接受。

近似均方根残差（RMSEA）是在比较理论与完美拟合的饱和模型的差异程度，本研究中为 0.086，P-value 值小于 0.05，模型可以接受。

拟合优度指数（Goodness-of-Fit Index，GFI）表示假设模型可以解释观测变量的变异与共变异的比例，一般要求 GFI 要大于 0.9 才可视为具有理想的拟合度，0.8 也可接受。本研究中为 0.81，假设模型可以接受。

各个指标皆通过所要求的接受值，因此，本假设模型可以接受，说明本假设模型是一个相当符合实证资料的模型，所以，本测量具有整体的建构效度。

最后，对模型的每个题项进行效度检验，即观察题项在其所反映的因子上的标准化负荷量，此种系数称为标准化效度系数，如果此系数达到显著，即表示这些题项可以用来反映该因子。从组织信任三因子假设测量模型参数估计表中可以看出，所有的标准化系数均具有较高的显著水平，因此，所有题项均可以有效地作为其所属的因子指标。总的来说，检验结果显示，组织信任的测量具备了良好的因子结构效度，可以确认组织信任是一个三因子模型。

二　员工创新相关量表效度检验

首先进行违反估计的检验，根据海耳（1998）建议，主要从以下三个方面进行检验：有无负的误差变异数存在、标准化系数是否超过或太接近 1、是否有太大的标准误。根据验证性因子的分析结果，对员工创新心理过程参数估计数列表如下：

表 5—7　　　　　　　　员工创新角色认定测量模型参数估计表

参数	非标准化参数值	标准误	T 值	标准化参数值
员工创新角色 1	0.63	0.06	10.78	0.63
员工创新角色 2	0.78	0.06	13.76	0.78
员工创新角色 3	0.71	0.06	12.87	0.71
员工创新角色 4	0.61	0.05	11.50	0.61

表 5—8　　　　　　　　员工创新意愿测量模型参数估计表

参数	非标准化参数值	标准误	T 值	标准化参数值
员工创新意愿 1	0.70	0.05	12.76	0.70
员工创新意愿 2	0.67	0.05	12.73	0.67

表 5—9　　　　　　　　员工创新效能感测量模型参数估计表

参数	非标准化参数值	标准误	T 值	标准化参数值
员工创新效能 1	0.66	0.05	12.19	0.66
员工创新效能 2	0.28	0.05	5.61	0.28
员工创新效能 3	2.97	0.16	18.78	0.80
员工创新效能 4	2.98	0.16	18.81	0.80

表 5—10　　　　　　　　员工创新绩效测量模型参数估计表

参数	非标准化参数值	标准误	T 值	标准化参数值
员工创新绩效 1	2.97	0.16	18.78	0.80
员工创新绩效 2	2.98	0.16	18.81	0.80
员工创新绩效 3	2.22	0.17	13.13	0.59
员工创新绩效 4	1.95	0.17	11.47	0.53
员工创新绩效 5	2.42	0.16	14.66	0.65
员工创新绩效 6	2.34	0.17	14.09	0.63

从表中可以看出，首先，标准化参数的绝对值在 0.28—0.80 之间，皆未大于 1，说明并非是过大的参数，因此，这一相关值并不违反估计。其次，变量的测量误差值在 0.05—0.17 之间，显示无太大的标准误，且无负的误差变异数，这些结果表示皆无发生违反估计的现象，因此，可以根据拟合指标评价整体模型的适配。

表 5—11　　　　员工创新相关量表 CFA 主要适配指标一览表

潜变量	所含因子	χ^2	df	χ^2/df	CFI	RMSEA	GFI
员工创新角色	4	92.3	6	15.38	0.70	0.043	0.91
员工创新意愿	2	76.47	6	12.75	0.70	0.038	0.87
员工创新效能	4	4.36	1	4.36	0.99	0.086	0.99
员工创新绩效	6	102.68	8	12.83	0.94	0.066	0.93

关于结构方程模型的指标判别，学术界普遍认为在大样本的情况下，P 值要求小于 0.1，比较拟合指数 CFI 大于 0.9、拟合优度指数 GFI 大于 0.9，近似均方根残差 RMSEA 值小于 0.1，说明模型与数据有较好的拟合度。对于包含较多变量的模型来说，完全达到一般认定的拟合优度是比较困难的。从表中可以看出，虽然有的指标没有达到，但已经很接近，大多数指标均超过了判别标准，因此，假设模型可以接受，测量具有整体上的建构效度。

最后，对模型的每个题项进行效度检验，即观察题项在其所反映的因子上的标准化负荷量，如标准化效度系数显著，则表示这些题项可以用来反映该因子。从员工创新相关假设测量模型参数估计表中可以看出，所有的标准化系数均具有较高的显著水平，因此，题项均可以有效地作为其所属的因子指标。

总的来说，检验结果显示，员工创新的测量具备了良好的效度。

三　高承诺型人力资源管理系统量表效度检验

首先进行违反估计的检验。根据海耳（Hair，1998）的建议，主要从以下三个方面进行检验：有无负的误差变异数存在、标准化系数是否超过或太接近 1、是否有太大的标准误。根据验证性因子的分析结果，对高承诺型人力资源管理系统（表中简写为 HCHRPS）4 因子模型参数估计数列表见表 5—12：

表 5—12　　　　高承诺型人力资源管理系统 4 因子假设测量模型参数估计表

参数	非标准化参数值	标准误	T 值	标准化参数值
HCHRPS1	0.97	0.11	10.00	0.17
HCHRPS2	0.65	0.25	9.32	0.54
HCHRPS3	0.57	0.29	8.72	0.65
HCHRPS4	0.96	0.12	9.97	0.20
HCHRPS5	0.60	0.08	8.79	0.65
HCHRPS6	0.77	0.08	9.53	0.48
HCHRPS7	0.88	0.08	9.82	0.34
HCHRPS8	0.69	0.08	9.30	0.55
HCHRPS9	0.60	0.08	8.84	0.64
HCHRPS10	0.77	0.08	9.51	0.48
HCHRPS11	0.73	0.08	9.35	0.53
HCHRPS12	0.63	0.08	8.98	0.61
HCHRPS13	0.62	0.13	8.97	0.61
HCHRPS14	0.82	0.10	6.33	0.40
HCHRPS15	0.81	0.10	6.07	0.41

从表中可以看出，首先，标准化参数的绝对值在 0.17—0.65 之间，皆未大于 1，说明并非是过大的参数，因此，这一相关值并不违反估计。其次，变量的测量误差值在 0.08—0.29 之间，显示无太大的标准误差，且无负的误差变异数，这些结果表示皆未发生违反估计的现象，因此，可以进行评价整体模型的适配。

结构方程模型对各潜变量题项进行验证性因子分析的结果见表 5—13：

表 5—13　　　高承诺型人力资源管理系统量表 CFA 主要适配指标一览表

潜变量	所含因子	χ^2	df	χ^2/df	CFI	RMSEA	GFI
HCHRPS	4	311.75	89	3.50	0.85	0.11	0.83

表中各拟合度指标用来衡量模型与数据的拟合程度，各指标含义如下：

卡方自由度比（χ^2/df）表示 SEM 假设模型的导出矩阵与观察矩阵的差异程度会受到样本数的影响，所以也有学者建议小于 5 也可以接受。本研究中为 3.50，整个模型具有可接受的拟合度。

本研究中 CFI 为 0.85，RMSEA 为 0.11，GFI 为 0.83，各个指标基本通过所要求的接受值，因此，本假设模型可以接受，说明本假设模型是一个符合实证资料的模型，本测量具有整体的建构效度。

最后，对模型的每个题项进行效度检验，题项在其所反映的因子上的标准化负荷量，此种系数称为标准化效度系数，如果此系数达到显著，即表示这些题项可以用来反映该因子。总的来说，检验结果显示，对高承诺型人力资源管理系统的测量具备了良好的因子结构效度，可以确认其是一个 4 因子模型。

四 组织文化量表效度检验

首先进行违反估计的检验。根据海耳（1998）的建议，仍主要从以下三个方面进行检验：有无负的误差变异数存在、标准化系数是否超过或太接近 1、是否有太大的标准误。根据验证性因子的分析结果，对组织文化 5 因子模型参数估计数列表见表 5—14。

表 5—14　　　　　组织文化三因子假设测量模型参数估计表

参数	非标准化参数值	标准误	T 值	标准化参数值
组织文化 1	8.19	0.84	6.81	0.41
组织文化 2	8.04	0.84	7.04	0.38
组织文化 3	6.71	0.84	8.51	0.32
组织文化 4	1.82	0.87	9.98	0.09
组织文化 5	6.06	0.85	8.91	0.30
组织文化 6	0.45	0.10	9.80	0.51
组织文化 7	0.53	0.10	9.68	0.49
组织文化 8	0.50	0.10	9.73	0.35
组织文化 9	0.56	0.10	9.60	0.43
组织文化 10	0.43	0.10	9.83	0.49

参数	非标准化参数值	标准误	T 值	标准化参数值
组织文化 11	0.63	0.11	9.42	0.26
组织文化 12	0.65	0.11	9.33	0.30
组织文化 13	0.69	0.12	9.14	0.35
组织文化 14	0.79	0.13	8.45	0.35
组织文化 15	0.81	0.13	8.20	0.40
组织文化 16	0.51	0.12	9.71	0.50
组织文化 17	0.56	0.09	9.61	0.40
组织文化 18	0.57	0.09	9.57	0.44
组织文化 19	0.59	0.09	9.54	0.52
组织文化 20	0.60	0.10	9.16	0.51
组织文化 21	0.80	0.10	7.04	0.39
组织文化 22	0.83	0.10	6.23	0.43
组织文化 23	0.72	0.09	8.27	0.41

　　从表中可以看出，首先，标准化参数的绝对值在 0.09—0.52 之间，皆未大于 1，说明并非是过大的参数，因此，这一相关值并不违反估计。其次，变量的测量误差值在 0.09—0.87 之间，显示无太大的标准误，且无负的误差变异数，这些结果表示皆未发生违反估计的现象，因此，可以进行下一步，评价整体模型的适配。

　　结构方程模型对各潜变量题项进行验证性因子分析的结果见表 5—15：

表 5—15　　　　　　　组织文化量表 CFA 主要适配指标一览表

潜变量	所含因子	χ^2	df	χ^2/df	CFI	RMSEA	GFI
组织文化	5	857.97	228	3.763	0.89	0.14	0.86

　　表中各拟合度指标用来衡量模型与数据的拟合程度，各指标含义如下：

　　卡方自由度比（χ^2/df）表示 SEM 假设模型的导出矩阵与观察矩阵的差异程度会受到样本数的影响，所以也有学者建议小于 5 也可以接受。本研究中为 3.763，整个模型具有可接受的拟合度。CFI 在小样本 SEM 分析时常被视为重要的评估指标，本研究中为 0.89，接近于 0.9，说明 5 因子模型与独立的组织文化模型差异明显，可接受。RMSEA 是在比较理论与完美拟合的饱和模型的差异程度，有学者认为其 P-value 小于 0.05 便可以接受。本研究中为 0.14，P-value 小于 0.05，模型可以接受。拟合优度指数在本研究中为 0.86，假设模型可以接受。各个指标皆通过了所要求的接受值，因此，本假设模型可以接受，说明本假设模型是一个相当符合实证资料的模型，所以，本测量具有整体的建构效度。

最后，对模型的每个题项进行效度检验，即观察题项在其所反映的因子上的标准化负荷量，如果标准化效度系数显著，即表示这些题项可以用来反映该因子。总的来说，检验结果显示，组织文化的测量具备良好的因子结构效度，可以确认组织文化是一个 5 因子模型。

第六章 实证研究结果

本章主要运用多层线性回归分析技术对本研究所提出的假设进行检验。

第一节 变量描述性统计指标

本研究以跨地区、跨行业、跨企业性质等多样性抽验为获取样本的原则，抽样方法采取随机抽样的方法，调查在中国的江苏、云南两地进行，采用中文问卷。共获得143家企业的204套组织层次的有效问卷，497套员工有效问卷。对样本进行描述性统计分析，具体情况如下：

1. 组织样本的基本情况

表6—1 企业相关情况表

类型	分类	样本数	百分比（%）
企业成立年限	1—5 年	24	16.78
	6—10 年	45	31.47
	11—20 年	47	32.87
	21 年以上	27	18.88
企业所有制形式	国有	18	12.59
	股份制	38	26.57
	民营	72	50.35
	中外合资	9	6.29
	外商独资	6	4.2

续表

类型	分类	样本数	百分比（%）
企业性质	生产型	115	80.42
	服务型	28	19.58
员工人数	1—50人	59	41.26
	51—200人	33	23.08
	201—500人	17	11.89
	501—1000人	19	13.29
	1000（不含）人以上	15	10.49
大专以上员工占员工比例	20%以下	26	18.18
	21%—29%	28	19.58
	30%—39%	30	20.98
	40%—49%	15	10.49
	50%以上	44	

2. 员工相关情况统计

表6—2　　　　　　　　　　　　员工相关情况表

类型	分类	样本数	百分比（%）	类型
员工性别	男性	318	63.98	0
	女性	179	36.02	1
员工职务	高管	12	2.41	5
	中层管理者	62	12.47	4
	基层管理者	87	17.51	3
	技术人员	152	30.58	2
	一般员工	184	37.02	1
员工婚姻状况	未婚	144	28.97	0
	已婚	347	69.82	1
	离婚	6	1.21	
员工年龄	22岁以下	21	4.23	1
	23—30岁	189	38.03	2
	31—40岁	194	39.03	3
	41—50岁	76	15.29	4
	50（不含）岁以上	14	2.82	5

类型	分类	样本数	百分比（%）	类型
员工学历	高中及以下	58	11.67	1
	中专	53	10.66	2
	大专	206	41.45	3
	本科	159	31.99	4
	研究生以上	21	4.23	5
员工工作年限	5 年以下	152	30.58	1
	6—10 年	143	28.77	2
	11—20 年	115	23.14	3
	21—30 年	67	13.48	4
	30（不含）年以上	20	4.02	5
员工所在部门	人力资源部	58	11.67	1
	财务部	36	7.24	2
	采购及销售部门	87	17.51	3
	生产部门	196	39.44	4
	技术部门	120	24.14	5

3. 描述性分析

表 6—3　　　　　　　企业相关情况描述性统计分析表

	样本数	最小值	最大值	平均数	标准离差
行业性质	143	1	6	1.78	1.198
年限	143	2.00	57.00	13.5282	10.20686
员工人数	143	8	33396	732.56	3286.067
大专以上员工比例	143	3.00	100.00	38.5358	23.66738

表 6—4　　　　　　　员工情况描述性统计分析

	样本数	最小值	最大值	平均数	标准离差
员工性别	497	0	1	1.36	.485
工作岗位	497	1	6	4.13	1.417
工作年限	497	1	5	2.32	1.158

续表

	样本数	最小值	最大值	平均数	标准离差
年龄	497	1	6	2.75	.881
学历	497	1	6	4.04	1.084
婚姻状况	497	1	4	1.73	.481
从事本工作年限	497	1	5	1.88	.979
公司服务年限	497	1	5	1.70	.905

问卷样本中青年占大多数，男员工比女员工多，已婚者比未婚者多，大专教育程度者比重较大，从事技术性工作的员工较多。

4. 变量的描述性统计分析

表6—5　　　　　　　　员工层次变量描述性统计分析

变量	样本	均值	标准误	最小值	最大值
创新绩效	497	3.73	0.57	1.86	5.00
组织信任	497	3.71	0.45	1.86	5.00
工作性质	497	4.13	0.60	2.00	5.00
系统性信任	497	3.66	0.59	1.44	5.00
主管信任	497	3.69	0.57	1.20	5.00
同事信任	497	3.77	0.49	1.90	5.00
创新角色	497	3.54	0.68	2.00	5.00
创新意愿	497	3.86	0.71	1.00	5.00
创新效能	497	3.71	0.69	1.75	5.00
创新心理过程	497	3.67	0.58	2.00	5.00

表6—6　　　　　　　　组织层次描述性统计分析

变量	样本	均值	标准误	最小值	最大值
行业性质	143	1.80	1.20	1.00	6.00
企业年龄	143	13.58	10.19	2.00	57.00
员工人数	143	740.57	3276.37	1.00	33396.00
大专以上人数	143	38.83	24.15	3.00	100.00
公司类型	143	3.06	1.36	1.00	6.00

续表

变量	样本	均值	标准误	最小值	最大值
近三年赢利情况	143	3.31	1.02	1.00	4.00
员工发展	143	3.76	0.60	1.20	5.00
人际和谐	143	3.97	0.51	1.50	5.00
顾客导向	143	4.24	0.55	2.00	5.00
社会责任	143	4.00	0.57	1.75	5.00
勇于创新	143	3.98	0.60	2.25	5.00
组织文化	143	3.88	0.42	1.65	5.00
甄选	143	3.62	0.71	1.00	5.00
广泛培训	143	3.50	0.77	1.50	5.00
内部激励	143	3.12	0.73	1.20	4.40
就业安全	143	3.79	0.60	2.00	5.00
承诺型人力资源管理系统	143	3.45	0.50	2.20	5.00

第二节　多层线性回归模型分析

一　分析准备

本研究采用统计分析软件 HLM6.1 进行假设检验，首先，按软件要求对数据进行了配对整理，对每个企业按序编号，然后将编号用于同一个企业的员工。有的企业由于人力资源部门经理和高管均填列了问卷，因此，有不止一份关于同一企业的问卷。对此，本研究将同一企业的问卷进行平均，作为一个企业数据。同时，将变量按维度和因子做平均数处理，以备下一步分析之用。

由于我们假设个人层次的员工创新可由个人层次与群体层次的变量预测，所以必须先证明员工创新在个人层次与群体层次上皆有变异存在，因此，使用方差分析（ANOVA），将员工创新的方差分成组内与组间方差。利用 HLM 估计的零模型（Null Model）进行具体分析。具体形式见如下模型：

Level—1 Model：员工创新 $Y_{ij} = \beta_{0j} + r_{ij}$

Level—2 Model：$\beta_{0j} = r_{00} + U_{0j}$

β_{0j} 代表第 j 个企业的员工创新的平均数，r_{00} 代表员工创新的总平均数，r_{ij} 的方差为 σ^2，代表员工创新绩效的组内方差，U_{0j} 的方差为 τ_{00}，代表员工创新绩效的组间方差。因此，员工创新绩效的总方差 $\rho = \sigma^2 + \tau_{00}$，依此计算出员工创新的组间方差的百分比［ICC（1）］，其公式为：

ICC（1）$= \tau_{00} / (\sigma^2 + \tau_{00})$

ICC（1）越大时，代表组间差异越大，相对来说，说明组内数据较为同质，组间数据较为异质，应该考虑利用分层线性模型来分析。温福星、邱皓政及 Cohen（1988）认为 ICC（1）> 0.138 时，表示造成因变量的组间变异较强，具有高度关联，且组内受试者欠缺独立性，一般的回归分析或者一般的最小平方法估计量不再适合做这样的分析，需要用分层线性回归进行分析。

本研究的 $\sigma^2 = 0.2409$，$\tau_{00} = 0.09695$，且卡方检验的结果表明组间方差是显著的：$\chi^2（141）= 325.30410$，$p < 0.001$，因此，有：

ICC（1）$= \tau_{00} / (\sigma^2 + \tau_{00}) = 0.09695 / (0.2409 + 0.09695) = 0.2869$

按照 Cohen 的判断标准，ICC（1）$= 0.2869$ 远远大于 0.138，可以判断，本研究中员工创新具有显著的组间方差。同时，仅从数学公式的含义来看，表示员工创新的方差有 28.69% 来自组间方差，而 71.31% 是来自组内方差。因此，有必要进行分层级的研究。

接下来便可进行假设检验。

二　关于员工层次（Level—1）的主效应检验

为了检验假设 1，验证组织信任对员工创新的效应，首先将自变量组织信任（X_{ij}）加入 Level—1，同时将员工性别（G_{ij}）、教育程度（E_{ij}）、工作岗位（S_{ij}）、工作性质（C_{ij}）等作为控制变量一并加入 Level—1 中，并估计模型 Trust：

Level—1 Model：

$Y_{ij} = \beta_{0j} + \beta_{1j} *（组织信任）+ \beta_{2j} *（性别）+ \beta_{3j} *（教育）+ \beta_{4j} *（岗位）+ \beta_{5j} *（工作性质）+ r_{ij}$

或者：

$Y_{ij} = \beta_{0j} + \beta_{1j}(X_{ij}) + \beta_{2j}(G_{ij}) + \beta_{3j}(E_{ij}) + \beta_{4j}(S_{ij}) + \beta_{5j}(C_{ij}) + r_{ij} + U_{0j}$

Level—2 Model：

$$\beta_{0j} = r_{00} + U_{0j}$$

$$\beta_{1j} = r_{10}$$

$$\beta_{2j} = r_{20}$$

$$\beta_{3j} = r_{30}$$

$$\beta_{4j} = r_{40}$$

$$\beta_{5j} = r_{50}$$

混合模型（Mix Model）为：

$$Y_{ij} = r_{00} + r_{10}(X_{ij}) + r_{20}(G_{ij}) + r_{30}(E_{ij}) + r_{40}(S_{ij}) + r_{50}(C_{ij}) + r_{ij} + U_{0j}$$

模型中，将第二层设定为 $\beta_{ij} = r_{i0}$，是将第一层的变量对因变量员工创新的影响固定，特别地，$\beta_{1j} = r_{10}$ 是为了检验假设 1，将自变量组织信任对因变量员工创新的影响固定，也就是说，"组织信任"或 β_{1j} 具有固定效应，143 家企业的斜率都是一样，皆等于 r_{10}，满足协方差分析所要求的斜率同构型。

在上述模型中，r_{00} 表示 Level—1 的系数即 β_{0j} 跨群体截距项的平均数；r_{10} 表示 Level—1 的系数即 β_{1j} 跨群体斜率的平均数，体现了组织信任与员工创新跨群体的关系，因此可用来检验假设 1；r_{ij} 的方差为 σ^2，表示员工层次（Level—1）残差的方差；U_{0j} 的方差为 τ_{00}，表示截距的方差。

为了更好地检验组织信任对员工创新的影响，先构建只有控制变量的模型，如下模型 Control：

$$Y_{ij} = \beta_{0j} + \beta_{2j} * (性别) + \beta_{3j} * (教育) + \beta_{4j} * (岗位) + \beta_{5j} * (工作性质) + r_{ij}$$

Level—2 Model：

$$\beta_{0j} = r_{00} + U_{0j}$$

$$\beta_{1j} = r_{10}$$

$$\beta_{2j} = r_{20}$$

$$\beta_{3j} = r_{30}$$

$$\beta_{4j} = r_{40}$$

$$\beta_{5j} = r_{50}$$

混合模型（Mix Model）为：

$$Y_{ij} = r_{0j} + r_{2j} * (性别) + r_{3j} * (教育) + r_{4j} * (岗位) + r_{5j} * (工作性质) + r_{ij} + U_{0j}$$

分析结果见表6—7：

表6—7　　　　　　　　　　控制变量分析结果表

系数	系数值	标准误	T 值	P-value
r_{00} 截距	2.258540	0.187389	12.053	0.000
r_{20} 性别	0.147647	0.045517	3.244	0.002
r_{30} 教育	0.045223	0.021012	2.152	0.032
r_{40} 岗位	0.086078	0.014915	5.771	0.000
r_{50} 工作性质	0.365487	0.038010	9.615	0.000

　　员工教育程度在P-value小于0.05时显著，而性别、工作岗位与工作的复杂性在P-value小于0.01时均是显著的，总体通过验证。

　　经计算，$\sigma^2 = 0.17842$，$\tau_{00} = 0.07963$，数值均比零模型的 $\sigma^2 = 0.2409$，$\tau_{00} = 0.09695$ 小，且卡方检验的结果表明组间方差是显著的，为 χ^2（141）$= 327.36348$，$p < 0.001$。通过进一步比较零模型与控制变量模型，可以得到更多结论，见表6—8：

表6—8　　　　　　　控制变量模型方差解释量分析表

方差成分	方差字母	零模型	控制变量模型	方差变动数	方差变动率
第二层（企业间）	τ_{00}	0.09695	0.07963	-0.01732	-17.86%
第一层（企业内）	σ^2	0.2409	0.17842	-0.06248	-25.94%
离异数		813.7785	689.7769	-124.0016	

　　第一层内，方差的变动率为（0.17842 - 0.2409）/0.2409 = -25.936%，说明引入控制变量后，第一层误差项的方差减少了约25.94%；同时，τ_{00} 的变动率为 -17.86%，说明引进控制变量后，可以减少第一层截距项17.86%的变异程度。因此，控制变量部分地解释了方差，达到控制目的。

　　接下来，分析包括自变量"组织信任"的完整模型，分别对组织信任的三个维度系统性信任、主管信任与同事信任进行回归，具体系数值见表6—9：

表 6—9　　　　　　　　　　　组织信任结果分析表

系数	系数值	标准误	T 值	P-value
r_{00} 截距	1.020192	0.232368	4.390	0.000
r_{10} 组织信任	0.377900	0.047490	7.958	0.000
r_{20} 性别	0.129565	0.043162	3.002	0.003
r_{30} 教育	0.049726	0.019746	2.518	0.012
r_{40} 岗位	− 0.079303	0.014018	− 5.657	0.000
r_{50} 工作性质	0.319238	0.036352	8.782	0.000

　　组织信任、性别、工作岗位与工作的复杂性在 P-value 小于 0.01 时均是显著的，同样，员工教育程度的 P-value 略大于 0.01，但是远小于 0.05，因此，可以说总体上是显著的，总体通过验证。其中，组织信任的斜率系数大于其他控制变量的斜率系数，因此，其对员工创新的解释力要更强一些。

　　经运算，$\sigma^2 = 0.16267$，$\tau_{00} = 0.06026$，数值均比零模型及控制变量模型小，组织信任加入模型后，可以更多地解释前面模型中没有解释的方差，对参数的 T 检验亦显著，且 χ^2（143）= 334.29658，p < 0.0001，说明卡方检验的结果表明模型显著，因此，组织信任对员工创新存在正向影响效应。关于组织信任模型的具体的方差分析见下表：

表 6—10　　　　　　　　　　信任模型方差解释量分析表

方差成分	方差字母	零模型	控制变量模型	方差变动数	方差变动率
第二层企业间	τ_{00}	0.080	0.069	− 0.0106	− 13.26%
第一层企业内	σ^2	0.178	0.158	− 0.0157	− 11.29%
离异数		689.78	632.86	− 56.9218	

　　第一层内，方差的变动率为 − 11.29%，说明引入组织信任后后，第一层误差项的方差减少了约 11.29%；同时，τ_{00} 的变动率为 − 13.26%，即因为组织信任，可以减少第一层截距项 13.26% 的变异程度。因此，组织信任作为一个变量，部分地解释了方差，说明其对员工创新的正向效应。

　　此处进行的是固定效应的模型检验，设定各个企业的组织信任对员工创新的影响是一样的，也就是组内同构型的假设，因此，所估计出来的各个企业的回归线斜率一样，均是 0.3779，所以，回归线也是平行的，唯一的差异是截距不同，如图 6—1 所示：

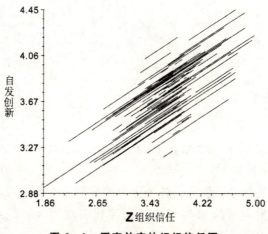

图 6—1 固定效应的组织信任图

由图中可看出，第一条的回归线长度不同，主要是组织信任的最高分最低分不同，是各个企业离散程度的全距（range）。下面两个图是第一层回归线的截距与斜率项的贝叶斯估计法结果。

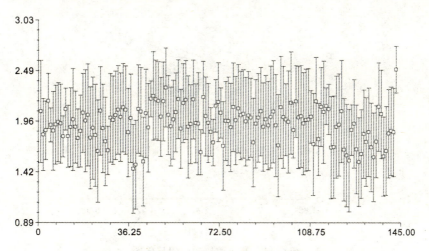

图 6—2 截距项的贝叶斯估计结果图（依序排列）

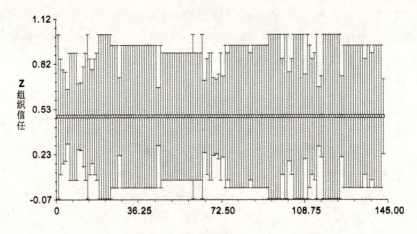

图6—3　斜率项的贝叶斯估计结果图（依序排列）

从以上两个图可以发现，各个企业的截距项与斜率项的贝叶斯估计值不太一样，截距项的95%置信区间要比斜率项大，说明斜率项的贝叶斯估计值的变异误要比斜率项的变异误大。

如果我们继续做随机系数模型检验，允许第一层的回归模型的回归系数，包含截距项与斜率项都可以随机变动，也就是各个企业的回归线可以随机变动。此时，各企业回归线不再平行。如图6—4所示：

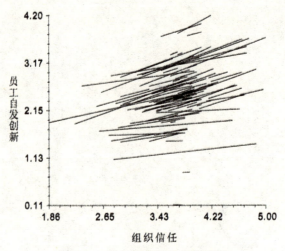

图6—4　随机效应的组织信任图

在随机模型检验中，组织信任的系数值为 0.3877，T 值为 6.783，P-value 小于 0.01，因此，组织信任对员工创新有正向的影响效应。

综上所述，假设 1 得到检验。

三 关于员工层次（Level—1）的中介效应检验

为了检验假设 2，即验证员工创新心理过程在组织信任与员工创新效应之间的中介作用。

对于中介效应的检验，按照刘军（2008）建议，首先验证自变量组织信任对中介变量关于员工创新心理的影响，验证两者之间关系是否显著，如图路径 a；然后验证中介变量员工创新心理过程与因变量员工创新之间是否存在正相关关系，如图路径 b；最后在步骤 3 中，将自变量组织信任与中介变量员工创新心理过程同时进行回归，验证员工与组织信任间的关系如何变化，如图路径 c。如果路径 c 中，自变量组织信任与因变量的关系不再存在或者减小了，即可判断员工创新心理过程变量在组织信任与员工创新的关系之间起到了中介效应。

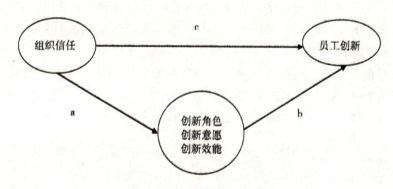

图 6—5 中介效应检验示意图

由于反映员工创新心理过程的三个变量之间相关性程度较高，可能存在多重共线性问题，因此，本研究对中介效应进行分别验证。具体分析结果见表 6—11 中介变量分析结果表，为简明起见，表中省略关于控制变量的系数。

表 6—11　　　　　　　　　　　中介变量分析结果表

		步骤 1（路径 a）			步骤 2（路径 b）			步骤 3（路径 c）		
因变量		创新角色	创新意愿	创新效能	员工创新绩效	员工创新绩效	员工创新绩效	员工创新绩效	员工创新绩效	员工创新绩效
预测变量	组织信任	0.257*(0.069)	0.569*(0.0626)	0.503*(0.061)				0.135*(0.062)	0.040(0.063)	0.0426(0.094)
	创新角色				0.208*(0.049)			0.188*(0.046)		
	创新意愿					0.267*(0.038)			0.258*(0.041)	
	创新效能						0.289*(0.050)			0.278*(0.058)
R^2		0.469	0.549	0.507	0.477	0.467	0.475	0.476	0.458	0.474

*表示报告中的系数在 0.05 或者更低的水平上显著。

注：括号内的数字是标准差。

　　从表中可以看出，路径 a 中，组织信任能够显著地影响员工创新心理过程的各个变量，在路径 b 中，员工创新心理过程的各个变量亦显著地解释了员工创新的变化，在步骤 3 中同时加入组织信任与员工创新心理过程的变量后，组织信任对员工创新绩效的影响减少（如创新角色）或者不再显著（如创新效能与创新意愿），因此，员工创新心理过程——创新角色、创新意愿与创新自我效能感是组织信任与员工创新的中介变量。

　　故而，假设 2、3、4 得到验证。

四　组织层次的因素对员工创新绩效效应的检验

　　在验证组织层次因素对员工创新的影响前，本研究首先对企业所处的行业、所有制形式、成立年限、大专以上员工的比例、企业类型及赢利情况等组织的基本因素进行了分析，放入第二层次的模型中检验后，发现这些因素对员工创新并无解释力，因此，不再作为控制变量进行处理。说明员工创新与企业的基本性质无关。

　　本研究的假设中，认为组织层次对员工创新的影响主要是组织文化和高承诺型人力资源管理系统两个变量，在做进一步的分析前，首先对三者进行共线性分析。如果三者不存在共线性，则可以直接带入模型一起检验，如果存在共线性，则说明需要分开检验。

利用 SPSS 软件分析，发现组织层次的两个变量——组织文化与高承诺型人力资源管理系统有显著相关关系，在 0.01 水平下显著相关（双尾检验）。见表 6—12：

表 6—12　　　组织文化、高承诺型人力资源管理系统相关性分析

		高承诺人力资源管理系统	组织文化
高承诺人力资源管理系统	泊松相关系数	1	0.688(**)
	显著性水平（双尾）		0.000
组织文化	泊松相关系数	0.688(**)	1
	显著性水平（双尾）	0.000	
样本量		143	143

因此，为避免多重共线性问题，本研究对组织层次的因素分别检验。

对于组织层次效应的验证，本研究首先分析组织层次的直接效应，在直接效应显著的基础上，再进行调节效应的验证。一般来说，为了检验 Level—1 变量与 Level—2 变量的交互作用，可以估计一个斜率作为结果变量（slopes-as-outcomes）的模型，即将 Level—2 变量作为斜率系数（β_{1j}）的预测因子，由此来验证 Level—2 的变量是否可以解释斜率的变异。其模型如下：

Level—1：$Y_{ij} = \beta_{0j} + \beta_{ij} * X_{ij} + r_{ij}$

Level—2：$\beta_{0j} = r_{00} + r_{01} * Z_{1j} + r_{20}$（组织规模）$+ r_{30}$（组织结构）$+ r_{40}$（企业性质）$+ U_{0j}$

$\beta_{ij} = r_{10} + r_{11} * Z_{1j} + U_{1j}$

混合模型为：

$Y_{ij} = r_{00} + r_{01} * Z_{1j} + r_{10} * X_{ij} + r_{11} * Z_{1j} * X_{ij} + r_{ij} + U_{0j} * X_{ij} + U_{1j}$

本研究中，Z_{1j} 代表组织层次的两个变量，r_{00} 为 Level—2 的截距项，r_{01} 表示控制了 Level—1 的变量后 Z_{1j} 与因变量之间关系的估计数，r_{10} 为自变量对因变量的影响效果，r_{11} 即可验证调节效应。r_{ij} 的方差是 σ^2，表示 Level—1 残差的方差，U_{0j} 的方差为截距的方差 τ_{00}，U_{1j} 的方差为斜率

的方差 τ_{11}。下面将分别验证组织文化和高承诺型人力资源管理系统的调节效应。在检验过程中，利用 HLM 软件本身的功能，对数据进行了中心化的处理，组织层面的两个变量按照总平均数中心化（grand-mean centering）方法，将每一个分数减去预测因子的总平均数。

（一）高承诺型人力资源管理系统对员工创新的影响

首先检验人力资源管理实践对员工创新的影响，将高承诺型人力资源管理系统加入 Level—2，并估计有人力资源管理实践变量的，以截距作为结果变量（intercepts-as-outcomes）的模型 HRP：

Level—1：

员工创新 $Y_{ij} = \beta_{0j} + \beta_{1j} *$（组织信任）$+ \beta_{2j} *$（性别）$+ \beta_{3j} *$（教育）$+ \beta_{4j} *$（岗位）$+ \beta_{5j} *$（工作性质）$+ r_{ij}$

Level—2：

$\beta_{0j} = r_{00} + r_{01} *$（人力资源管理实践）$+ r_{20}$（组织规模）$+ r_{30}$（组织结构）$+ r_{40}$（企业性质）$+ U_{0j}$

$\beta_{1j} = r_{10} + U_{1j}$

混合模型为：

$Y_{ij} = r_{00} + r_{01} *$（人力资源管理实践）$+ r_{10} *$（组织信任）$+ \beta_{2j} *$（性别）$+ \beta_{3j} *$（教育）$+ \beta_{4j} *$（岗位）$+ \beta_{5j} *$（工作性质）$+ r_{20}$（组织规模）$+ r_{30}$（组织结构）$+ r_{40}$（企业性质）$+ r_{ij} + U$

在上述模型中，r_{00} 为 Level—2 的截距项，r_{01} 是加入组织信任后，人力资源管理实践对员工创新的影响效果，表示控制了 Level—1 的组织信任后，人力资源管理实践与员工创新之间关系的估计数，对其进行 t 检验可用来检验假设：人力资源管理实践对员工创新的效应。r_{10} 为组织信任对员工创新的影响效果（用来检验假设：组织信任对员工创新的效应）。r_{ij} 的方差是 σ^2，表示 Level—1 残差的方差，U_{0j} 的方差为截距的方差 τ_{00}，U_{1j} 的方差为斜率的方差 τ_{11}。

表 6—13　　　　承诺型人力资源管理实践直接效应分析表

系数	系数值	标准误	T 值	P-value
r_{00} 截距项	0.597125	0.396439	1.506	0.134
r_{10} 组织信任	0.192493	0.080848	2.381	0.01
r_{01} 承诺人力资源管理系统	0.215296	0.084019	2.562	0.012

上述模型 HRP 中，$r_{01} = 0.22$，T 值为 2.56，P-value 为 0.012，小于 0.05，因此，通过检验，人力资源管理实践对员工创新有正向影响这一假设得到支持。

为了更精确地分析，本研究还通过方差的变动计算了员工创新组间方差被人力资源管理实践解释的百分比，具体计算见表 6—14：

表 6—14 承诺型人力资源管理系统方差解释量分析表

方差成分	方差字母	组织信任模型 T	承诺型人力资源管理系统模型 HRP	方差变动数	方差变动率
第二层企业间	τ_{00}	0.06907	0.05899	-0.01008	-14.59%
	τ_{11}		0.06699		
第一层企业内	σ_2	0.15827	0.14860	-0.00967	-6.11%
离异数		632.855072	621.308208	-11.54686	

第二层企业间方差变动率为 -14.59%，第一层企业内方差变动率为 -6.11%，变异数为 -11.54686。说明有 14.59% 的员工创新组间方差（非总方差）可以被承诺型人力资源管理系统解释，同时，也更多地解释了 6.11% 的组内方差。因此，人力资源管理实践加入模型后，可以更多地解释前面模型中没有解释的方差，人力资源管理实践对员工创新的假设得到验证。

（二）高承诺型人力资源管理系统的调节效应检验

本研究将高承诺型人力资源管理系统视为一个连续变量，数值由低到高反映出人力资源管理系统承诺度的高低。因此，可以直接验证其调节作用。为验证高承诺型人力资源管理系统对组织信任与员工创新之间关系的调节效应，可以估计一个斜率作为结果变量（slopes-as-outcomes）的模型，即将 Level—2 变量高承诺型人力资源管理系统作为斜率系数（β_{1j}）的预测因子，以得知此 Level—2 的变量是否可以解释斜率的变异。首先构建模型：

Level—1：

员工创新 $Y_{ij} = \beta_{0j} + \beta_{1j} *$（组织信任）$+ \beta_{2j} *$（性别）$+ \beta_{3j} *$（教育）$+ \beta_{4j} *$（岗位）$+ \beta_{5j} *$（工作性质）$+ r_{ij}$

Level—2：

$\beta_{0j} = r_{00} + r_{01}$ * （高承诺型人力资源管理系统）+ r_{20}（组织规模）+ r_{30}（组织结构）+ r_40（企业性质）+ U_{0j}

$\beta_{1j} = r_{10} + r_{11}$ * （高承诺型人力资源管理系统）+ U_{1j}

混合模型为：

$Y_{ij} = r_{00} + r_{10}$ * （组织信任）+ r_{11} * （高承诺型人力资源管理系统）*（组织信任）+ U_{0j} * $X_{ij}\beta_{2j}$ * （性别）+ β_{3j} * （教育）+ β_{4j} * （岗位）+ β_{5j} * （工作性质）+ r_{ij} + U_{0j} * （组织信任）+ r_{20}（组织规模）+ r_{30}（组织结构）+ r_{40}（企业性质）+ U

即可用 r_{11} 检验高承诺型人力资源管理系统对组织信任与员工创新关系间的调节效应（检验假设7）。假设7是预测高承诺型人力资源管理系统与组织信任之间有正向的交互作用，当人力资源管理系统是高承诺时，组织信任与员工创新之间的正向相关度会高。

对 r_{11} 进行 t 检验的分析结果显示：$r_{11} = 0.409863$，T 值 = 2.485，P-value = 0.014，小于 0.05，且交互作用的效果与假设 7 预测的方向一致（即为正向的交互作用），因此，高承诺型人力资源管理系统与组织信任之间有正向的交互作用，可以判断当人力资源管理系统的承诺度越高时，组织信任对员工创新的影响越强。

员工创新

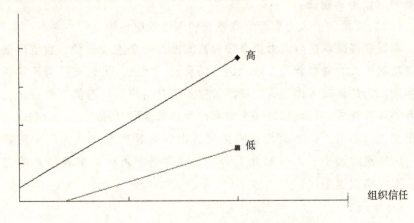

图 6—6　高承诺型人力资源调节效应图

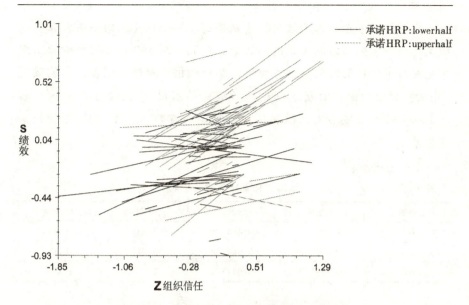

图 6—7　高承诺型人力资源调节效应分组图

（三）组织文化对员工创新绩效的影响

1. 组织文化对员工创新绩效的直接效应检验

首先检验组织文化对员工创新的影响。将组织文化加入 Level—2，并估计有组织文化变量的，以截距作为结果变量（intercepts-as-outcomes）的模型 OC：

Level—1：

员工创新 $Y_{ij} = \beta_{0j} + \beta_{1j} *$（组织信任）$+ \beta_{2j} *$（性别）$+ \beta_{3j} *$（教育）$+ \beta_{4j} *$（岗位）$+ \beta_{5j} *$（工作性质）$+ r_{ij}$

Level—2：

$\beta_{0j} = r_{00} + r_{01} *$（组织文化）$+ r_{20}$（组织规模）$+ r_{30}$（组织结构）$+ r_{40}$（企业性质）$+ U_{0j}$

$\beta_{1j} = r_{10} + U_{1j}$

混合模型为：

$Y_{ij} = r_{00} + r_{01} *$（组织文化）$+ r_{10} *$（组织信任）$+ \beta_{2j} *$（性别）$+ \beta_{3j} *$（教育）$+ \beta_{4j} *$（岗位）$+ \beta_{5j} *$（工作性质）$+ r_{20}$（组织规模）$+ r_{30}$（组织结构）$+ r_{40}$（企业性质）$+ r_{ij} + U$

在上述模型中，r_{00} 为 Level—2 的截距项，r_{01} 是加入组织信任后，组织文化对员工创新的影响效果，表示控制了 Level—1 的组织信任后，组织文化与员工创新之间关系的估计数，对其进行 t 检验可用来检验组织文化对员工创新的效应这一假设。r_{10} 为组织信任对员工创新的影响效果（用来检验组织信任对员工创新的效应这一假设）。r_{ij} 的方差是 σ^2，表示 Level—1 残差的方差，U_{0j} 的方差为截距的方差 τ_{00}，U_{1j} 的方差为斜率的方差 τ_{11}。

表 6—15　　　　　　　　组织文化直接效应分析表

系数	系数值	标准误	T 值	P-value
r_{00} 截距项	1.085432	0.286775	3.785	0.000
r_{10} 组织信任	0.382759	0.064579	5.927	0.000
r_{01} 组织文化	0.157530	0.081372	1.936	0.054

上述模型 OC 中，$r_{01} = 0.157530$，T 值为 1.936，比显著性水平 0.05 时 T 值为 1.96 略小，此时 P-value 为 0.054，基本通过检验，假设组织文化对员工创新有正向影响得到支持。

表 6—16　　　　　　　　组织文化直接效应方差解释量分析

	方差字母	组织信任模型 T	组织文化模型 OC	方差变动数	方差变动率
第二层企业间	τ_{00}	0.06907	0.06376	−0.00531	−7.69%
	τ_{11}	0.06417			
第一层企业内	σ^2	0.15827	0.14931	−0.00896	−5.66%
离异数		632.855072	627.179103	−5.676	

为了更精确地分析，本研究还通过方差的变动计算了员工创新组间方差被组织文化解释的百分比，具体计算见表 6—13。结果显示，有 7.69% 的员工创新组间方差（非总方差）可以被组织文化解释，同时，也更多地解释了 5.66% 的组内方差。因此，组织文化加入模型后，可以更多地解释前面模型中没有解释的方差，组织文化对员工创新的假设得到验证。

2. 组织文化调节效应的检验

本研究的量表选自徐淑英、忻榕和王辉（2006）对中国企业的组织文化研究，组织文化由五个稳定且一致的维度组成，分别是：员工发展、人际和谐、客户导向、社会责任和勇于创新，并按照企业内部整合能力与适应外部变化的能力区分出四种典型的组织文化类型：高聚合组织文化（highly integrative culture）、市场导向型组织文化（market oriented culture）、温和型组织文化（moderately integrative culture）和层级型组织文化（hierarchy culture）。

高聚合型组织文化指外部适应性与员工发展分值均高的文化；市场导向型组织文化指客户导向维度的得分较高；温和型组织文化指在五个维度上得分较为平均的组织文化；层级型组织文化指组织内文化价值观的影响较弱，代之的是正规化程度较高。

本研究根据徐淑英等对组织文化的分类，运用 EXCEL 对 143 家企业的组织文化进行分类。具体做法是：分别以内部整合与外部适应为纵坐标和横坐标，按照定义，将组织文化在四个象限中分为高聚合组织文化、中庸型组织文化、市场导向型组织文化和层级型组织文化。针对每个组织取得的调查数据，按五个维度分别计算其平均分值，输入 EX-CEL 软件中，运用 EXCEL 软件功能，得到不规则五边形，根据其所位于的象限值，按照徐淑英等的分类原则，分析每个组织的文化特质，得出企业组织文化的类型。具体操作见以下四图：

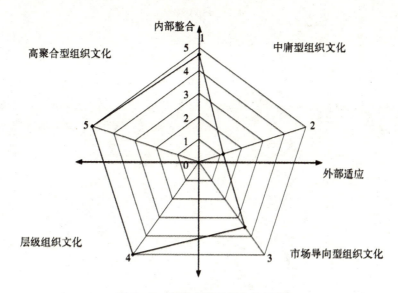

图 6—8 高聚合型组织文化示例

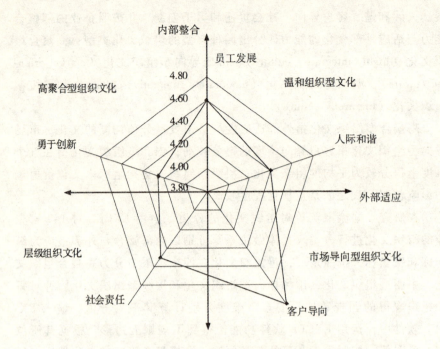

图6—9   市场导向型组织文化示例

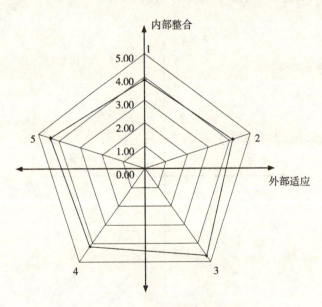

图6—10   中庸型组织文化示例

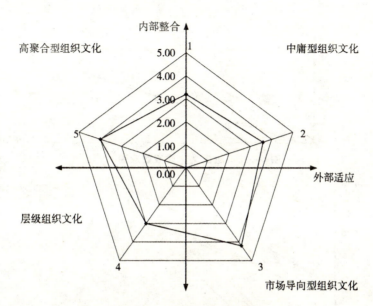

图 6—11　层级组织文化示例

经过这样的分类整理后，得到高聚合型组织文化者 38 家，中庸型组织文化者 31 家，市场导向型组织文化者 40 家，层级组织文化者 35 家，分别构造调节作用模型，对 r_{11} 进行 t 检验，具体结果与分析见表 6—17：

表 6—17　　　　　　　　　组织文化类型调节作用分析表

	企业个数	r_{11}	标准误	T 值	P-value	结果判断
高聚合 OC	38	1.204519	0.246310	4.890	0.000	显著
中庸 OC	31	1.046569	0.755021	1.386	0.168	不显著
市场导向 OC	40	−0.469724	0.983431	−0.478	0.633	不显著
层级 OC	35	−0.861393	0.518123	−1.663	0.100	不显著

从上表中可以看出，高聚合的组织文化调节作用明显，因此，假设 8 得到验证。

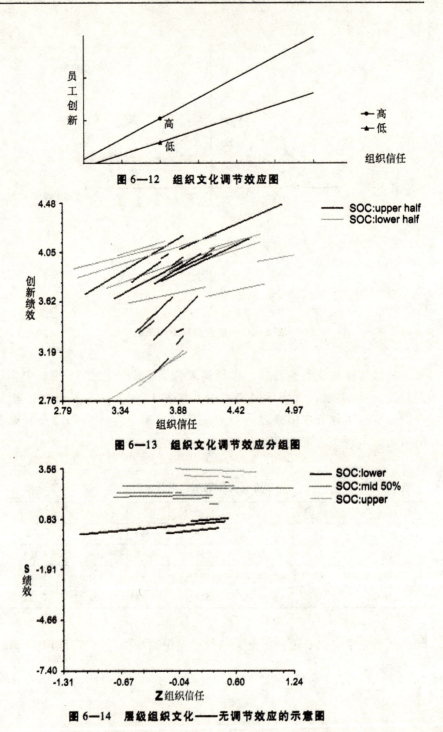

图6—12   组织文化调节效应图

图6—13   组织文化调节效应分组图

图6—14   层级组织文化——无调节效应的示意图

本章小结

本章首先对研究样本进行了描述性统计分析，并检验了数据的组间差异，在此基础上，利用多层线性回归模型对组织层次与个体层次对员工创新之间的假设关系进行了验证，并对组织因素在组织信任与员工创新关系当中的调节效应进行了验证，最后，发现了组织层次的组织文化和高承诺型人力资源管理系统，及个体层次的组织信任对员工创新具有明显的调节效应，而组织因素的调节作用与创新心理的中介作用均显著。对假设的分析结果见表6—18：

表6—18   模型验证结果汇总表

	编号	假设提出	检验结果
第一层次 主效应假设	H1	组织信任与员工创新呈正相关关系，员工对组织的信任度越高，员工创新的动力越强，员工创新的绩效越高	支持
第一层次 中介效应假设	H2	创新角色的自我认同是组织信任与员工创新关系中的中介变量	支持
	H3	创新意愿是组织信任与员工创新关系中的中介变量	支持
	H4	创新自我效能感是组织信任与员工创新关系中的中介变量	支持
第二层次 调节效应假设	H5	高承诺型人力资源管理系统调节组织信任与员工创新之间的关系，承诺型人力资源管理系统承诺度越高，对组织信任与员工创新之间关系的促进作用越强	支持
	H6	组织文化调节组织信任与员工创新之间的关系，高聚合的组织文化对组织信任与员工创新的促进效用增强，其他类型的组织文化影响则不显著	支持

第七章　研究结果讨论与相关建议

现代社会，不确定性成为唯一确定的环境。市场无时无刻不在发生着变化，新技术不断涌现，竞争者剧增，产品更新换代日新月异。若要依靠组织推动的组织创新，组织应运用一切可以利用的组织力量，发挥员工创新的力量，推动创新的实现。"风起于青萍之末，舞于松柏之下"，员工创新就如那微风渐起之时的力量，由广大员工感受到了外界之变化，起而创新，使创新从员工自觉开始，创新之风能始于"青萍"之末，最终形成气候，完成组织的创新，成为舞于"松柏"之间的力量。本研究的实证结果显示，个体对组织的信任，可以提升员工的创新绩效，组织文化和高承诺型人力资源管理系统加强了这样的关系，在创新绩效的实现过程中，员工创新的心理逻辑过程对此起着桥梁的作用。本章将对以上实证结果进行深入地讨论与论证，并提出相关的建议。

第一节　研究结果讨论

一　组织信任对员工创新的影响分析

冒险与创新是公司发展的必然要求，要在诚实与相互尊重的气氛中给予员工鼓励和支持。本研究实证结果支持了组织信任对员工创新绩效有直接影响的推论，员工对组织的认可与信任，能让他觉得自己的创新思维得到实现，创新过程能得到强有力的支持，因此愿意创新。

如果从组织信任的维度来具体分析员工创新的作用，我们还可以得出更深入、细致的结论。本研究首先利用 SPSS13 软件，以员工创新为被解释变量，分别以组织系统性信任、主管信任与同事信任为解释变量，得出了相似的结论，组织信任的三个层次与员工创新的关系经检验均显著。

二　员工创新心理的中介效应得到验证

当公司越是刻意要创新时，可能反而越是不如其他公司，但如果员工有更多的空间可以充分表达自我，则可能会取得更好的创新效果。本研究将员工创新的心理过程总结为"我是—我愿—我能"的逻辑过程，分别采用成熟量表对创新的角色认定、创新意愿、创新的自我效能和创新绩效进行了测量。创新的态度决定创新绩效，创造的激情和自信帮助员工主动参与创新，将创造性的创意付诸行动，成为创新的绩效。

三　组织文化对员工创新的影响分析

创造既是关于理念的习惯，也是关于理想的实现，创新的精髓是员工为实现某一具体理想而重新创造一个世界，这是创新的动力。因此，员工创新是高度个人化的过程，员工对组织文化及其使命的认同变得不可或缺，在明确的组织使命和鼓励创新的组织文化中，员工将自己理想的实现转化为对组织的贡献。鼓励创新的组织文化使人们以全新的方式对创新进行思考，在日常的工作中迸发出创意的火花和创新的行动。组织文化帮助员工从完全不同的角度审视组织，将组织视为一个活生生的有机体，而不仅仅将其看做一部处理信息的机器，不是数据与信息的聚合，而是主管应尊重员工个人的尊严和价值，鼓励员工各施所长，提供一个公平的、有挑战性的、没有偏见的、大家分工协作式的工作环境。主管应尊重员工个人权利，经常与员工进行坦率的交流。主管和经理要对手下员工的表现与发展负责，鼓励员工发挥主观能动性，为其提供创新方面的指导与自由。

组织文化的调节作用较强，说明不同类型的组织文化对员工创新的影响不同。在高聚合的组织文化中，增强了组织信任与员工创新之间的关系，高聚合的组织文化中，崇尚创新，注重员工发展，员工可以大胆创新。

中庸型的组织文化中，组织信任与员工创新的关系不明显。中庸的组织文化更注重人际的和谐，一切以稳定为主，追求各方面的利益均衡，影响了员工对创新的追求。这与塞思（Sethi）、史密斯（Smith）和帕克（Park）（2002）的一项研究发现不谋而合：他们在针对 141 支开发新产品团队的研究时，发现职能多元化的程度提高后，并不必然带来创新的改善，团队成员之间的社会凝聚力高反而会抑制观点的交流，因为高凝聚力的团队会注重维持关系和寻找一致。因此，他们建议在团队中安排一些外部人士，降低那些抑制创造力的社会凝聚力。顾客导向与社会责任是两个主要的外向性组织文化维度，为了维护企业外在的形象，员工可能更多地表现为一种组织公民行为，而不是创新，这种行为如果失败，有可能使公司的形象受损。在强调人际和谐的组织文化影响下，一切以和谐为本，当创新存在冒犯他人的风险时，人们不会有创新的冲动，除非由组织层次强制性地推动创新。

　　牢固建立起来的组织文化通过对组织成员行为结果的正反馈机制，形成产生行为规则或规范的组织管理模型。而具有正反馈机制的非线性动态系统一旦为某种偶然事件（如环境的变化）所影响，就会沿着一条固定的轨迹或路径一直演化下去，即使有更好的替代方案，既定的路径也很难发生改变，即形成一种路径依赖。组织文化犹如一只无形的手，通过对全体员工思想意识的影响和引导，发挥着对企业管理系统的调节、管理要素的协调、工作效率和经济效益的增效作用，同时，激发创新的产生。

四　承诺型人力资源管理系统对员工创新的影响分析

　　本研究假设高承诺型人力资源管理实践作为一个系统对员工创新的直接效应与调节效应均得到验证，研究结论支持了高承诺人力资源管理系统对员工行为的正向影响，特别地，通过甄选、激励等人力资源管理系统对员工创新绩效的综合作用，可以直接作用于员工行为，帮助员工克服种种困难与顾虑，进行创新。

　　在本研究中，人力资源管理的问卷由人力资源部门经理或者中高层管理者填列，反映的是整个组织的人力资源管理情况，因此，更接近于人力资源管理系统或者人力资源管理政策的概念，对员工的作用不再是单一维度或者单一实践的作用。同时，这个研究结论也证明了员工创新是关于创新的较为深层次的概念，它与一般观点的创新绩效不同，不是由某一单一的人力资源管理实践可以左右的，它是一个由复杂的心理活动所决定并最终表现出创新的行为。

　　组织内部的信任是基于组织的情境形成的，不仅取决于组织成员的特性和交往经历，而且会不可避免打上组织的烙印，受组织文化和制度安排的显著影响，大量的组织因素会对信任产生影响。以组织为导向的组织信任强调的是对组织结构、组织制度和组织文化等组织体系的管理方法。组织的规章制度等是替代个人信息和交往经验的又一信息来源。在组织的正式制度和非正式规则中，都蕴涵着某种不言而明的知识。制度信任不是由人们理性的计算结果推断出来，也非一种明确的契约。它是组织成员对制度或规则所达成的共识，依赖于成员对制度、规则认同和内化的程度。制度、惯例从宏观层面上将信任制度化，以制度来维系成员之间以及成员对组织本身的信任。而在微观层面上，当组织成员将制度内化，相信其他成员也会像自己一样遵守制度，认为管理制度包含着组织对员工的信任，他们就会增强对自己及他人诚实可信的信念，并在成员间自发产生协调合作意识，从而促进组织内部的人际信任关系。

第二节　相关建议

组织要实现持续的创新，必须挖掘自身的人力资源优势，发挥员工的创造力，将蕴含在员工能力之中的宝藏开发出来，而创意的产生与创新的实现不是靠一些简单的强制手段推动，组织也不可能对此进行操控。创造与创新归根结底是一种自发性与自觉性很高的行为，组织如果希望员工在工作中能发挥创造的主动性，则必须有相应的措施使员工将创新作为一种习惯，而不是一种离经叛道的特例。根据本研究的结论，对愿意激发员工创新的意愿与行动的组织给出以下建议：

一　建设有利于激发创新的组织信任氛围与组织文化

在工作中，员工是否选择创新，组织的氛围起着重要的影响作用，鼓励创新的组织文化可以激发这个过程的产生和发展。不仅建立同事信任的组织，更要培养同事之间彼此信任的和谐的组织氛围。有的管理者认为，水至清则无鱼，如果同事之间彼此信任，则容易形成小团伙，某些情况下，非正式组织的存在给管理者推行政令造成一定的障碍，因此，可能并不关注和谐部门的建设。这样形成竞争格局可能对组织短期的绩效有帮助，但是并不能有效地帮助企业从长远出发，鼓励员工的创新。结合适当"授权"和"视而不见"原则，调动起员工创新的积极性。授权是在员工已做好创新的思想准备之后让他们开始工作，但创新主要还要靠他们自身的动力。当他们在发明创造时，公司就要及时给予帮助，鼓励这种内在的动力。

必须使创新成为一种弥漫于企业各个部门、各个角落的氛围，提升每一位员工的能力，而不是作为一种偶然发生的活动或被动的流程。在中国传统的儒家文化中，缺乏鼓励人们创新的因素，首先，在人际关系上，讲究人与人的和谐、人与环境的和谐，害怕打破既有的平衡，而创新的表现形式之一就是颠覆现状，中国员工在创新动机产生之初，特别是管理创新时，会有较高的心理成本。其次，在人际关系中，要求个人表现掩其锋芒，如俗话说："出头的椽子先烂"，"木秀于林，风必摧之"，劝导人要安于本分，"不在其位，不谋其政"，这样，往往导致员工对创新抱有一种普遍的惰性。再次，稳重的人容易得到周围人的认同与赞许，偏离传统易受到孤立，这与创新的理念相违背，在企业创新文化较弱的情况下，创新型的人才容易遭到莫名的打击。同时，创新的未来充满了未知，意味着错误和失败随时可能发生，需要创新者艰苦探索、锐意进取、不怕失败，具有冒险和探索精神，这可能会与保守的观念相冲突。因此，大力培育鼓励创新的企业文化，与传统文化中阻碍创新的因素作斗争，鼓励冒险，容忍失败，克服官僚作风、等级观念、保守意识等陈旧文化的影响，大力倡导创新变革的价值观，从价值观上在全体员工中彻底采取创新的行为方式，在企业内营造良好的创新氛围，只有这样才能激励和培育创新者从事创新工作的积极性。如海尔集团所倡导的以创新为灵魂的企业精神。在海尔集团，眼中看到、耳边听到的频率最高的字眼就是："创新"，创新观念深入人心，并体现在每位海尔员工积极参与创新的一举一动中。在创新文化的氛围里，各种各样具有海尔特色的激发全员创新的制度不断被创造出来。

组织文化是组织成员共有的一整套假设、信仰、价值观和行为准则，它既有由组织的关键人物创造的规范，也有随时间的推移而自然发展出来的内容。首先，在创新的组织文化中，创新作为组织的价值观，员工在组织价值观导向的作用下，容易产生创新角色认同，认为自己是创新中的一分子，会积极地参与到组织创新的大潮中。其次，组织文化是增强员工创新意愿的重要的环境推动因素，在鼓励创新的组织文化氛围中，员工的创新信念得到增强，不会畏惧创新失败后的挫败感，在创新意愿的推动下，会指导创新的思想转化为创新的行动。

组织文化就如员工创新的温室，让创新的嫩芽慢慢成长，一种新技术要想结出果实，可能会需要许多年的时间。鼓励创新的组织文化在公司中努力培养以自主、革新、个人主动性和创造性为核心的价值观，鼓励员工勇于革新，不可扼杀任何有关新产品的设想，发明新产品时，员工有任何新想法都可以表达出来，不应受到上级任何干预。3M 的一位首席执行官德西蒙说：创新给我们指示方向，而不是我们给创新指示方向。同时，允许有失败，鼓励员工坚持到底，错误和失败往往是创造和革新的正常组成部分。因为一项创新的成功，必须尝试多种新的构思。如 3M 公司的组织文化中就有一条隐性定律"如果你不犯错，你可能不在做任何事情"，避免"多干不如少干，少干不如不干"的倾向。

在 A.O. 史密斯（中国）热水器有限公司（以下简称 A.O. 史密斯中国公司）的组织文化核心之一就是创新。如其企业宗旨之一是产品更新和多样化、企业价值观中强调"重视科研，不断创新"，甚至将企业的理念表述为"追求卓越、持续改进"，喊出的企业口号是"通过研究，寻找一种更好的方式"。在这样一种鼓励创新的文化驱动下，A.O. 史密斯中国公司员工创新不断，从流水线的改造到商场展销位的布置，在各个环节都有员工参与创新。从 2002 年开始，公司每年都会在企业内举行价值观推广活动，将企业组织文化介绍给每个员工，让每个员工身体力行，将创新视为正常工作的一个部分。员工的任何创新活动，如工人的一个合理化建议、为减少浪费采取的措施、某个人或团队提出的新的流程或对现有流程的改进，等等，在价值观推广活动过程都会得到奖励。员工在这样的组织文化下，人人都有参与创新的愿望，创新自我效能感得到强化，敢于大胆提出创新的想法，并能得到团队和组织的支持。

在中国私营企业中，"家文化"、"家族主义"、"子承父业"、"低信任度文化"等比比皆是，特别是在创业初期，大部分企业都是家族制，这是中国传统文化的产物，也是中国家族企业的必然选择。关于中国国有企业文化的特征，董伯俞（2003）指出，中国的国有企业文化一般具有这样几个特点：第一，注重伦理道德，表现出浓厚的伦理色彩，无论是干部的任命考核，还是企业经营绩效的衡量与判断，乃至企业决策及行为的选择和评价，在很大程度上往往都不是以客观经济效果作为价值评价的依据，而是以道德规范和伦理标准作为衡量的基本价值准则；第二，"人治"、"情治"与"法治"相结合的非制度型的企业文化，长官意志，口头承诺，随意性的和模糊性的习惯，裙带关系等行为随处可见；第三，企业文化个性不明显。总而言之，中国企业文化的特点是儒家伦理，整体思维，天人合一，中庸，和为贵。杨懿（2005）对有关中国企业文化特征的论述做了总结，认为中国传统文化在中国人的心里根深蒂固，它鲜明地铸就了中国企业文化的以下特征：提倡艰苦创业；传统集权式的"家族"组织结构；人本主义特征；突出"重情重义"的沟通与交际；重教化的特征；敬业报国。

因此，一定要创造鼓励交流和表达的组织文化，集体协作气氛强、经常性联络的制度与文化，这样可以促进交流的发生，在交流与表达的过程中，人们会出乎意料地把信息和主张汇集在一起，产生意想不到的效果。鼓励组织成员之间沟通与交流的渠道，在密切合作中寻找机遇并提出新的观点。鼓励人们在组织内部从一个部门到另一个部门横向移动，感受各种观点与文化。日本企业相信，如果企业内外缺乏互动，就不可能有创造和独创，员工之间需要沟通与交流，如佳能公司的新产品开发团队成员周末有时会在当地的旅馆聚会，进行头脑风暴。3M 公司成立技术论坛，下设分会、各委员会，是一个具有管理框架的大型志愿者组织，支持创新活动的知识共享平台，目的是在鼓励信息的自由交换，是公司员工相互联络的一种方式，为研究人员相互交流心得和解决疑难问题创造条件。

创新的成功是一个持续交流的过程，以员工和他们的主管之间达成的协议（书面的、口头的或者心理的）为保障而完成的，也是主管评价员工价值、创造和提升员工个人技能的过程，员工在这些相互信任的气氛中交流将受益无穷，这是一种文化、一种氛围。因此，组织更重要的是要培养一种环境，在这种环境中，员工可以与其他部门的人自由组合，同时每个人都愿意与他人共享自己所掌握的信息与知识。如 A. O. 史密斯中国公司专门出版 CI 快讯，针对持续改进的项目、措施与员工进行内部沟通，美国总公司的企业内部刊物《A. O. Smith 通讯》还出版了 CI 版，专门对持续改进 CI 进行深度报道，使全世界的 A. O. 史密斯工厂均能了解彼此的 CI 想法与做法。同时，在 A. O. 史密斯中国公司每个车间的走廊、操作台周围，还设立了 CI 看板，让员工看到自己身边的改进，了解自己认识的同事的想法。这些措施，在各个层次对创新绩效进行了沟通与反馈，不仅创造了良好的创新氛围，更形成了员工间和谐的人际关系，为更多的创新创造了条件。

建立良好的沟通与反馈机制，可采取有效的面谈、给员工申辩和澄清的机会和及时提供绩效改进的指导和支持等措施，给各个层次的员工提供发言的机会，通过面谈与申辩，不仅可以弥补管理者与员工之间信息交流不对称的缺陷，解决各种潜在的矛盾和冲突，还能够在制定新的工作目标时，有的放矢，达到更好的组织信任。在沟通与反馈中最重要的一点是上级对员工的创新绩效进行指导和支持，员工的能力得到提升，其创新的热情才能持续不断地被激发出来。

二　注重人力资源管理系统的建设

有强烈的创新意识和创新精神的员工是实现公司价值的最大资源，从人力资源管理系统出发，注重人力资源管理系统的建设。本研究的结论也支持了席酉民"和谐"管理的理论，组织不仅要有"和"则，即相关的制度规范，更要有"谐"则，促进同事和睦相处，彼此信任，只有"和""谐"两则同时发挥作用，组织才能走得更远。此时，人力资源管理相关政策、系统和做法为"和"则，与创新相适应的组织文化为"谐"则，"和"则与"谐"则的相互配合，对组织信任与员工创新有促进作用。它需要通过合理的制度体系，将对创新的需求信息、机会、资源传导或分配给员工，并保证创新之间的公平竞争。

（一）加强培训与甄选

重视员工的培训，通过技能的提高促进创新绩效提高。因为员工创新绩效与具备一定的工作技能相关，员工只有完全胜任日常工作，才可能有新的想法产生，因此，相应的培训必不可少。培训一方面可以按照企业要求提高员工的工作技能，另一方面可以使员工体会到组织对他们的期望，更加理解组织的战略和目标，必要的培训可以间接地起到促进员工创新的作用。如美国通用公司，就在企业内部设立了自己的企业大学，定期对世界各地的员工进行培训。但是，企业更要意识到培训对创新的推动作用，因此，除单一技能的培训外，更应对员工进行全方位、多角度的培训，如采取在职培训、工作模拟和示范、评价技术和评价中心、导师制、咨询、工作轮换、实习制等，开阔员工的眼界，提高工作技能，学会用所掌握的工作能力解决实际问题，同时，更要理解相关工作的技能，为创造性地解决问题打下基础。

由于创新行为是一种非强制性行为，在培训过程中，针对员工内部可塑性的因素进行强化较为有效，如运用咨询、指导和劝阻等形式，帮助员工理解创新绩效；通过在企业内树立创新典型、模范示范，组织员工学习，鼓励员工模仿创新；定期举办学习班，分析总结前期工作；加入必要的心理培训课程，改变个体错误的归因，提高其动机水平；设置合理的阶段性目标，以获取成功的经验；在培训中，运用积极的反馈方式，使个体感觉到组织的积极支持等。

把最好的员工放在创新项目中，确保这样的项目被认为有利于职业发展弹性目标原则。弹性目标是培养创新的一种管理工具，方法就是制定远大的但要切合实际的目标。如 3M 公司规定每年销售额中至少应该有 30% 来自过去 4 年中所研究的产品。

（二）建立以创新为导向的绩效管理机制

员工创新具有某种程度的主观性，很难用绝对的意义来衡量它，但是可以针对人、工艺和产品设立一些指标来进行评价。管理者可以按照工作中的创意、提出的观点和建议、思想开放程度、对外部意见的接受程度等对他们的团队员工进行评价。员工们应该得到这一方面的评价，并且应该是在一种开放的氛围中，通过与他们进行讨论来评价他们。同时，展开员工自我评价过程，年末，员工们按照目标评价他们的业绩，可以将创新相关的业绩加入评价表格，通过加入创新问题，管理者就发出了一个强烈的信号，表明创新和创造力得到了重视和评价。企业应建立以创新文化为核心的绩效管理体制，按照创新型绩效管理制订新的绩效评估体系，对员工进行全方位考核。应当设置更多的评价指标，特别是针对与创新相关的活动，不应该只关注结果，更重要的是要注重过程。员工可以在公司的价值观的框架内进行较为自由的创新活动，制订相应的绩效评估体系，只要创新活动能够得到绩效评估体系的认可，就可以对员工进行奖励。

通过有效运用绩效管理手段，提高员工的创新热情和创新动力，确立创新为导向的绩效管理。这样做一方面可以消除员工对于创新的畏惧感，增加员工对创新活动的投入；另一方面通过这种导向性的手段，在帮助员工参与创新活动的同时，提升组织绩效。针对创新绩效评估的特殊性，使用定性与定量相结合的评估准则，根据实际区别对待。可以通过具体的数字衡量创新努力的成果，采取定量准则。由于创新过程的特殊性，以及创新存在着巨大的失败风险，在强调使用定量准则的同时，更要恰当使用定性准则。A.O. 史密斯中国公司的绩效评估体系采取了定性、定量相结合的原则对员工进行绩效考核，并在可能的情况下，设法将定性原则演化为可考核的绩效目标。公司创立了全体员工参与的持续改进（Continuous Improvement，CI），这是一个不断地增强公司创新能力、合作精神和提升企业价值的过程。它鼓励员工就自己发现的问题随时提出创新意见，对创新点进行衡量、量化，用 CI 参与率、每月 CI 改进项目数量和改进结果贡献度来进行评估指导，使创新深入到每一个班组、每一个员工的日常工作中。A.O. 史密斯中国公司在 CI 的执行过程中，重视员工之间的关系的和谐。在公司内部，强调员工个性的内敛与彼此的合作，反对过分张扬与个人英雄主义。公司采用了较温和的绩效管理体系，对绩效不进行强制排名。公司采取的措施主要有：在各个部门内均成立创新小组；每月初讨论技术、工序、服务等各方面工作持续改进的数量；月末召开小组会议进行回顾总结；不定期组织 CI 团队活动；从公司角度不定期地进行 CI 的成果展示，评选优秀项目；召开员工大会对一个阶段的创新成果进行表彰，员工没有得到表彰并不说明他不行。这些积极的措施激发了员工的创新激情，使员工创新的意识更加强烈，全体员工都会有意无意地加入到创新的队伍中，员工间也形成了良好的互动关系，不认为采纳别人的建议会使自己有所损失。

（三）建立注重推动员工内在创新动力的动态激励机制

激励是企业内员工创新的主要动力，同时也是对员工创新价值的一种承认。研究者们发现以不同方式奖励与评价，对员工内在动机与创造性的影响是不同的。认知评价理论认为外在事件对个体具有三方面的作用：信息性、控制性和动机，不同性质的外部事件通过归因个体的胜任感与因果关系产生不同的影响，从而影响内部动机。当个体将外界所给予的奖励与评价看做自己成功地进行活动的信息时，就会产生高的自主性和胜任感，从而提高内部动机的水平，最终促进创造性的绩效；当个体将奖励与评价看成是对自己的监督与控制时，内部动机的水平下降，创造性成绩降低。由此可见，奖励与评价本身对创造性并不会产生积极或消极的影响，而评价的方式使个体对评价所产生的解释与知觉才是个体创造性成绩产生的关键。企业的创新激励内容主要从物质激励和精神激励两个方面来进行，物质激励和精神激励都能够促进创新，激励创新行为的发生。精神激励是从精神方面对创新者进行奖励，而物质激励是从物质方面对创新者进行奖励，二者相互支持，相互补充。

海尔对全体员工采用"赛马而不相马"的动态激励机制，鼓励员工最大限度地发挥自己的特长；把外部竞争效应内部化，每个人的收入不是上级说了算，而是由员工的创造成果以及市场效果决定。此外，设立了用户难题奖、源头创新奖等各种旨在奖励创新的项目，鼓励员工不断创新。与此同时，对创新者，海尔除了颁发奖金外，还隆重召开员工大会，用其名字对创新项目进行命名，海尔的很多部件、工序和产品就是以发明或改进创新这些部件或产品的员工的名字命名的，如启明焊枪、保德垫圈、迈克冷柜、杨明分离法等，不计其数，充分体现了员工的创新价值，激励了更多员工参与创新。

需要强调的是，与激励机制相配套的考核机制本身要做到公平，应反复动态修正，允许创新的失败，不能只凭评估者的经验判断，以免破坏创新的倾向与员工创新的积极性。评估者对员工采取一视同仁的态度，评价应清晰、客观，考核的过程中鼓励员工参与，做到程序的公开和透明。

除了常规的、日常的救火式行动外，要在创新活动中关注长期投资能够带来的投资利益，把投资于创新能够带来的利益传达给整个组织。对人、产品和工艺流程进行创新业绩评价。将创新项目纳入评价体系，如对单独的项目和组织整体进行衡量，监控关键指标时，要考虑其中包括前一年有多少种新产品或新工艺得以实施，收入中有多少来自新产品或新服务，准备在下一期实施多少个新项目，等等。还要更多地对主观参数进行评估，比如谁被看做行业中的创新领导者，以及如何把组织与同一市场中的竞争者在创新方面进行对比。在激励体系中，加大对开发新产品和新工艺的奖励力度。对创新团队设立的奖励制度应该不同于奖励短期收入和贡献的现有方案，可以用红利来奖励达到了为项目所设定的目标，或者股票期权等其他参与性的方式。

三 不断增强组织因素对员工创新的适应性

很多组织在工作设计中，往往遵循泰勒的科学管理思想，按照任务专门化、技能简单化及重复性原则来设计工作，强调明确的工作定义来提高组织效率，追求效率最大化。这样的工作设计，容易导致工作简单化。日复一日单调、重复的工作，不仅扼杀员工的工作热情，更易遏制员工创新的才能与创新的激情。在《个性与组织》（2007 版）一书中，有一个意味深长的例子：某一讲究效率与工作分工的企业，出于慈善目的，雇用了几名智障女工，车间主管发现她们比正常员工更易管理，更加能够一丝不苟、按部就班地完成任务，结果竟然要求人力资源部门再雇用一些智障人员。因此，如果在工作安排上一味强调效率，将工作流程分解得过分简单，而不考虑人的灵活性，这样做的结果，只能将员工等同于机器的一部分，员工在工作岗位上日益麻木，最后发展到极端结果：只需要智力低下者来完成机械性操作，即使以后的工作中再需要创新，也不可能会再有创新。可见，工作设计和流程设计对于创新绩效的产生有着导向作用，在工作设计时，考虑工作扩大化、丰富化、相对复杂化，促使员工为解决具有综合性、挑战性的问题而积极创新。

学者认为创新成功的组织方式是自治管理和模糊目标，恰当的组织推动能让员工和创新平滑顺畅。如 3M 公司采取独特的晋升模式来鼓励创新。首先，公司为任何有新主意的员工提供经营保证和按酬创新，他可以在公司任何一个分部门求助资金，组建新事业开拓组或项目工作组，人员来自各个专业，且全是自愿。如果新产品生产出来，则同时增加薪金和晋升。比如一位基层工程师开始创新，当他创造的产品进入市场后，他晋升为产品工程师，如果产品销售额达到 100 万美元，则有更大幅度的奖励。当销售额达到 2000 万美元时，升任"产品系列工程经理"；在达到 5000 万美元时，就以此产品为核心，成立一个独立产品部门，基层工程师由于其积极的创造，成为部门开发经理。这样的工作设计不断随着创新而适应，虽然较激进，但也说明了工作设计和恰当的人力资源实践在促进员工创新中的作用。

比亚迪公司在生产电池伊始，由于资金短缺，无法大规模购置先进的全自动化设备，他们只好将生产过程分解，引进部分设备，在某些工序上用人工替代，增加了工人工作的复杂度，工人的劳动从站在流水线边上近似于机械操作，变为了创造性地劳动，员工充分发挥了各自的聪明才智，帮助企业在很短的时间里发展成为世界第二大电池制造商，完成了质的飞跃。如在最后装箱程序中，由于流水线速度问题，总会有没有装好货的空纸箱驶过流水线终端，进入仓库。面对此技术难题，日美企业通过研发，在流水线终端装上一个 X 光探头，并研制出复杂的机械手，当 X 光探头发现空箱子时，电子感应系统立刻指挥机械手将其抓出。面对同样的技术难题，比亚迪员工则想出一个节省成本的简单办法：他们找来一个大功率的电风扇，对着流水线终端吹，当有空箱子经过时，自然被吹倒在一边。这样的创新绩效，在比亚迪公司不胜枚举。比亚迪对流水线的逆自动化改建，无形中增加了工作的复杂度，使员工创造性有了发挥的余地。

　　由于无法预测创新的活动会在何时、何地由何人发现，要在需要创造力的复杂岗位尽量安排有创造力的人；同时，要重视工作团队的组建，因为在既定群体内产生的那种全面而强烈的信任关系和交换关系，能减少群体成员之间讨价还价和搜寻信息的成本，团队内部可以鼓励成员之间进行广泛的价值交换，互相支持创新，采用灵活的方法，扩大探索的空间。

第八章 主要贡献、研究局限与
未来研究方向

本研究通过对现实的观察、理论的梳理及实证研究，对中国情境下员工创新与情境影响因素的关系有了一个系统的认识，本章对整个研究进行系统总结，进一步阐明本研究的理论与管理启示，并在此基础上，找出本研究的局限，并为下一步的研究探索指出方向。

第一节 本研究的主要贡献

一 本研究的理论贡献

心理学的研究认为：每一个个体均具备一定的创造特质。套用罗丹的一句名言：世界上不是缺乏美，而是缺少"发现"美的眼睛，我们也可以说，世界不是缺乏创造，而是缺少"激发"创新的因素。那么，在工作场所，是什么因素在诱发员工的创造性呢？本研究试图回答这一令人着迷的问题，而不同个体特质导致不同的创新行为并不在本研究的考察范畴之内。

首先，通过实证研究，本研究找出个体的组织信任对员工创新的正向激励作用，发现中国士大夫的传统精神"士为知己者死"在员工创新中起到了一种潜移默化的作用。文化研究者在比较西方人与中国人的性格与行为时指出，西方人在日常行为中，更加关注"做事"，一切从"事"（工作）出发，具有前向取向，创新性较强。而中国人，在日常行为中，会更加注重人际关系的和谐，行事中权衡利弊，以求中正，具有后向取向，创新性较弱，基于中国人的特性，本研究创新性地提出了组织信任对员工创新的推动作用，对员工创新心理的稳定作用。在管理学的研究中有三个贡献：（1）用科学的方法佐证了一个普遍存在在中国社会的常规思维模式；（2）为员工的创新找到一个新的影响因素；（3）在员工创新的研究中探索了民族文化与心理的特殊影响。

其次，本研究在系统的文献梳理基础上，提出了员工创新的情境因素模型，从组织因素与个体能动性发挥两个层面来探究员工创新的问题。由于创新的最终形式或者结果是对现实的一种否定，员工，特别是中国情境下的员工，可能更多地会基于和谐与稳定的心理，并不太愿意由自己打破现实的稳定，因此，这就需要外因的推动与内因的刺激。本研究认为推动员工创新的组织因素是组织文化和人力资源管理实践，这些组织因素作用于个体，促进其创新绩效的产生。应用社会交换理论，认为个体对组织产生信任后，不再担心对现实和谐的破坏，为了最大限度地实现组织目标，从而愿意为组织贡献出自己的聪明才智。并通过中国企业的问卷调查，取得实际数据，用科学的研究方法对提出的模型加以实证支持。此举的主要贡献在于：（1）对现有员工创新的研究在加入社会文化因素后进行了整合；（2）本研究运用相关社会认知理论，对组织环境的影响进行分类验证，发现人力资源管理实践是作为一个整体对员工的创新起着推动作用，组织文化中，强调注重创新与员工发展的文化氛围更能鼓励员工创新；（3）组织因素对组织信任与员工创新的调节作用明显，说明组织环境的因素有利于员工创新的实现。

最后，从理论的角度建立了员工创新实现的模型，用实证的方法验证组织信任、员工创新心理与员工创新三者之间的关系，这样做的贡献在于：（1）拓展了计划行动理论的适用范围；（2）针对前人关于创新心理的研究，归纳了创新心理"我是—我愿—我能"的三级逻辑循环圈；（3）根据中国人的心理特征与行事方式，从理论与实证两个方面证实了创新心理在组织信任与员工创新之间的中介效应。

总之，本研究的理论贡献在于全面考虑了组织因素对员工创新的影响，并将社会学理论纳入研究中，得出了中国情境下存在着组织信任对员工创新的促进关系。

二　本书研究的实践贡献

通过实证研究，本研究证实了研究框架中的研究假设，对此进行相应的分析后，获得了一些富有启发意义的研究发现，可以对管理实践有所帮助。

首先，研究发现，员工的工作时间长短与其创新没有必然的联系，包括工作的总时间、从事相关工作的时间和在本单位的工作时间，在实践中，应该听取多方面员工的意见，而不应有所倚重。厘清实践中的一些误区。

其次，本研究的结论之一是组织信任对员工创新有着明显的促进作用，说明团队的和谐与组织的发展更能促进员工的创新。这为管理实践提供了新的依据。

最后，组织因素是相辅相成的，配比恰当的组织因素更能促进员工的创新，从组织层面来说，更应该建立强调创新、鼓励创新的组织文化，容许失败，容许员工发表不同意见。人力资源管理实践是一个综合作用的系统，厚此薄彼效果均不会好，因此，组织应尽量平衡人力资源管理实践的实施效力，建设一个高承诺的人力资源管理系统，共同促进员工的创新。

第二节　研究局限

本研究选取了实证研究的方法对员工创新的相关情景因素，从组织层次与个体层次两个层次进行探讨，问题的复杂性与方法均对本研究提出了挑战，由于主客观原因，本研究对对问题的阐述过程中也受到了一定的限制。

（一）变量测量的局限

本研究根据文献推理，提出了员工创新概念，整合了员工创新的自我概念、创新意愿、创新效能及创新绩效等，对此，还要进一步的完善。同时，由于研究条件的限制，没有开发专门的、有针对性的量表，采用的是西方的成熟量表，但是，这些量表是针对每一个维度开发的，中间有的地方还需要改进，在研究中虽然做了调整，因子分析的效果也较好，但如能完全针对员工创新的定义开发一个新的量表则研究效果会更佳。

（二）数据获取局限

在调查问卷的数据获取上，由于受到人力、物力和时间等因素的限制，本研究的数据主要取自江苏和云南的企业，中小企业占的比例较大。如果样本取自全国，则说服力会更强一些。

同时，本研究所涉及的一些变量，如组织文化、组织信任变量，在调查中易成为较为敏感的因素，不可避免地会遇到社会称许现象。为了避免社会称许现象的产生，特别强调本次调查是为了学术研究之用，并在问卷编排时，将组织信任的问题尽量放在后面，减轻填答者的戒备之心。将问卷分成三部分，由不同的人填答，能部分地解决这个问题，也可以最大限度地减少同源方差的问题。但是，发放问卷的人如果与企业关联性相对强，则还是会出现一定程度的社会称许现象。

（三）分析工具限制

本研究采用多层次数据（multilevel data）进行实证分析，研究的是员工嵌套在组织之中的情况，样本具有阶层性（hierarchical）特征，所测量到的观察值具有特殊的隶属/配对关系，造成样本独立性假设的违反与统计检定的失效。传统的统计分析技术（如回归、方差分析）无法处理这类问题，否则将使分析数据遭到层次关系的混淆与研究结果的误导。因此采用多层次分析技术，多层次分析技术是延伸自线性回归的概念，将代表各阶层的多组回归方程式组合成混合模型（mixed model），再以多元回归原理进行参数估计。经过了诸多学者的努力探究，近年来多层次数据的分析在原理与技术上都已有非常成熟的发展，本研究主要采用 HLM 进行跨层级分析。HLM 虽然是现在应用得较为广泛的跨层级分析软件和方法，可以处理因素的萃取，并没有纳入潜在构念。因此，对变量的处理不能如结构方程那样，能在潜变量的层次上分析，导致分析结果不够直观。潜在构念的测量是社会与行为科学研究最大的挑战之一，尤其是当数据结构越趋复杂之时，潜在构念的定义与测量也就越加困难。近年来多层次分析技术的主要焦点议题之一，就是在 SEM 的架构下来处理多层次的数据，进行多层次结构方程模式（Multilevel SEM，MSEM）。尤其是多层次数据的 SEM 分析，由于涉及多层次模式分析与潜在变量模型分析两大技术系统的整合，在计量原理与分析实务上都是当代心理计量领域的重要议题（温福星，2009）。

由于传统的 MLM 分析与 SEM 是两套为了解决不同问题所独立发展的统计技术，两者各有优势，但是当同一个数据库，既具有多层次结构，又具有潜在变量估计需求之时，两种分析方法都只能解决部分问题，因此发展 SEM 的多层次分析技术（MSEM）可以让这两种重要的分析技术得以并用于同一个研究之中，同时解决多层次数据结构与潜在变量的估计问题。已有学者做了这方面的尝试，如现在有 M－PLUS 软件可以部分解决这个问题，国际和中国台湾研究者均有使用。由于本研究者未能找到这个软件，所以，不能使用更好的分析工具将分析结果直观地表达出来。

第三节　未来研究方向

一项研究并不能穷尽所有问题，反而会随着对研究问题的深入，引出更多需要研究的问题，本研究对员工创新的影响因素得出了一些研究结论，同时，随着研究的深入，发现还有更多的问题需要进一步研究与细化。未来的研究重点从以下几个方面深入：

（一）进一步细化环境变量，研究环境对员工创新的影响

创意的产生需要宽松环境，紧张的环境不利于创意的执行，研究还发现，如果员工参与到实际问题的解决中来，适度的紧张刺激会激发他们对创意的执行。但是，某些情况（如项目很紧急或与其他组织的激烈竞争）有益于创造力，而其他一些情况（如很高的时间压力或工作群体间的竞争）则对创造力有害（Amabile，1996）。本研究对环境的研究，主要着眼于组织因素，研究的是一个大的环境状态，未来的研究应将环境进行更为细致的划分，检验人与环境的相互影响关系，以及环境如何对创意产生和创意执行发生影响。

（二）对员工创新绩效的进一步研究

本研究初步探究了中国员工创新的解释变量——组织信任，下一步的研究应该探讨影响自发行为的因素是否对员工创新具有同样的作用。应该进一步研究创新绩效的动因。成功的组织变革应具备如下三个特点：首先，组织发展要面向未来；其次，组织的状态能很好地达成其预定目标；最后，成功变革不会对组织以及组织中个体成员带来不必要的成本。因此我们下一步研究的重点，就是要探究如何鼓励员工创新而不给他们带来不必要的成本，更好地支持创新的未来研究。

（三）进一步研究员工创新的具体影响因素

　　本研究初步探讨了组织文化对员工创新的影响，下一步可以研究民族文化或者文化价值对创新的影响。已有的少数研究揭示不确定性规避、权力距离和集体主义对国家层面的创新具有负面影响。低不确定性规避、低权力距离和高个人主义倾向与创造正相关，中等程度不确定性规避、权力距离和个人主义倾向则可能促进由当局高层推动的创新应用，在低不确定性规避的分公司收集想法然后在追求精确和准确的高不确定性规避的分公司进行改良。同时，研究证明，国家文化对信任的影响最为显著。陈等（Chen & Meindl, 1998）对文化与信任的关系进行了探讨，指出个人主义有助于增进认知信任，集体主义则有助促进情感信任。多尼等（Doney, Cannon & Mullen, 1998）的研究更加全面，他们将信任的形成过程划分为计算过程、预测过程、意图过程、能力过程和转移过程五类，理论分析结果表明，集体主义文化下的信任者倾向于通过计算过程和能力过程形成信任，而个体主义文化下的信任者倾向于通过预测过程、意图过程和转移过程形成信任；男性化社会中的信任者倾向于通过计算过程和能力过程形成信任，而女性化社会中的信任者倾向于通过预测过程、意图过程、转移过程形成信任；高权力距离社会中的信任者倾向于通过计算过程、预测过程和能力过程形成信任，低权力距离社会中的信任者倾向于通过意图过程和转移过程形成信任；高不确定性规避社会中的信任者倾向于通过预测过程、意图过程、能力过程和转移过程形成信任，低不确定性规避社会中的信任者倾向于通过计算过程形成信任。但他们的研究仅停留在理论分析层面，尚缺乏经验研究的有力支持。而在史沃滋（Schwartz, 1999）的价值维度里，保守对比精神和情感自律尤为相关，因为保守表明着重于对现状的维持。精神独立有益于创造是因为提倡精神独立的文化支持"个体独立追求他们自己的思想和精神方向的意愿"。但是另一方面，如果即使其意见已被加以采用，若个体持续发表他们的不同意见，高水平精神自律可能破坏其应用。总的来说，在几个实验室研究中发现，关注晋升的文化（如注重先进和雄心）预示着高创造性。因为积极反馈提高了有强烈晋升愿望的个体的创造性，能提供积极反馈的文化也与创造相关。因此，在下一步员工创新的研究中，将考虑文化价值观的因素的调节作用。

　　限于研究设计，本书只从员工角度考察了组织信任对员工创新的效应，而没有考虑从组织角度出发的组织信任会对员工的创新产生什么样的影响。如3M公司有名的"15%规则"，即允许每个技术人员至多可用15%的时间来"干私活"，搞个人感兴趣的工作方案，不管这些方案是否直接有利于公司。在给员工充分信任的情况下，员工的创造力会调动起来，最大限度地发挥自身的潜能。因此，在下一步的研究中，将注重信任的双向作用对员工创新的作用。

（四）追踪方法论的发展，改进研究方法

正如前文的局限性中所讨论，研究跨层次的交互影响因素，除了HLM可选外，也可以采用准实验措施设计和多层次方法，比如多层次结构方程模型，检验群体层次因素（如组织氛围对员工创新的影响）、分析文化因素对员工创新的影响等。同时，可以考虑采用强调重点不同的量表来进行相同问题的研究，如组织文化量表，可以考虑用丹尼斯量表和霍斯菲尔德的组织文化量表，研究文化价值观的调节作用。

在问卷的发放上，根据这次的经验，在发放前，还应加强对问卷发放人的培训，减少废卷的产生，以提高问卷回收率。对现有题项进行改进，修改表达方式，使之更符合中国人的逻辑习惯。在研究对象方面，继续扩大地域范围，尽可能多地涵盖各种类型企业，提高研究结论的普适性。

附录 A 填表说明

尊敬的先生/女士：

您好！

本次调查由问卷一、问卷二、问卷三三部分组成，由单位各职能部门参与。人力资源部和每个职能部门由一位了解企业情况的员工填答一份问卷一，每个部门再选择本部门的3—4个员工填答问卷三，主管根据他们的相关情况分别填列问卷二，因此，问卷二与问卷三虽然由不同的人员填列，但针对的却是同一个人的情况。

整套问卷可通过编号控制，原则是能通过编号看出问卷一、问卷二、问卷三是一套问卷。

编号原则：

问卷编号均以单位名称的大写拼音字母缩写开头（为避免混淆，尽量在问卷中注明单位的中文名称），如调查江苏大学，则问卷一编号为JSU—1，问卷二为JSU—2，问卷三为JSU—3。按相同原则将一份问卷二与问卷三编在一起，以便问卷回收后的配对。如继续给江苏大学工商管理学院3位老师发问卷，则先编号：问卷二编为JSU—2001，JSU—2002，JSU—2003，问卷三则编为JSU—3001，JSU—3002，JSU—3003。这样，凡JSU开头，为一个单位，JSU—2001与JSU—3001针对的是同一个单位的同一个人。

问卷发放程序：

1. 对问卷进行统一编号，如 JSU—1，JSU—2001，JSU—2002，JSU—2003，JSU—3001，JSU—3002，JSU—3003。

2. 然后分发到员工。人力资源部或某一中层以上领导填答问卷一：JSU—1；将问卷三发给员工填答，如工商院的三位老师分别填答问卷三：JSU—3001，JSU—3002，JSU—3003；同时，主管根据填答问卷三的几位老师填答问卷二：JSU—2001，JSU—2002，JSU—2003。

3. 如果需要填字，点击窗体最右边的小锁，即可填空。填完文字后，再次点击最右边的小锁，即可在选项框中通过点击来选中（窗体的调用：文档上方的工具栏空白处点击右键，出现菜单选项，选中"窗体"，此时，页面上出现有"窗体"两个字的滚动条）。

附录 B 调查问卷一

公司名称：

部门：   **问卷编号：**

尊敬的先生/女士：

这是一份学术性研究问卷，我们保证您的答案只用于学术研究，不会向任何人泄露。恳请您给予协助，谨此表示衷心感谢！

请您根据实际情况对下列问题进行相应选择，请您凭直觉尽快回答。答案从 1 到 5 分为五个标准，程度从否定到肯定。每个人对问题都有不同的看法，故答案没有对错之分。请只选一个答案，对从未思考过的问题，也尽可能做出选择，不要遗漏，尽量不选答案 3 "不确定"。

一、关于贵公司基本数据部分，请在与您单位情况符合的题项上画圈或者打钩：

1. 公司的主要产品或服务：_____

2. 贵公司成立时间：_____年

3. 贵公司目前员工总数：_____人 大专以上员工占员工总数的比例：_____

4. 请指出公司类型：■①国有 ■②集体 ■③民营 ■④中外合资 ■⑤外商独资 ■⑥其他

5. 贵公司近三年赢利情况：■①持续亏损 ■②时盈时亏 ■③不盈不亏 ■④持续赢利

6. 以下是组织结构的描述，请选择较符合贵单位的组织结构

①简单结构：老总自己几乎进行所有决策

②直线结构：企业从上到下实行垂直领导，各级主管负责人对所属单位的一切问题负责

③层级结构：按职能设立部门，有严格的层级结构，通过制定严格的目标、计划和预算控制下属

④矩阵结构：机构设置分行政与专业两类，纵向横向交叉领导

⑤事业部或分公司结构：按生产、服务种类或者地域等不同分工设立事业部或分公司，分公司在营运中有较大自主性

⑥经常采用临时项目组形式：根据需要成立跨职能部门项目组完成特定任务

二、下面这些题目描述了目前中国企业中所存在的某些价值观念，请您根据您所在的单位对每个题项的重视程度进行评估，并在每一题目前面最能代表您意见的选项上点击。

您所在的企业	非常不重视 1	不重视 2	不确定 3	重视 4	非常重视 5
1. 关心员工个人的成长与发展	01	02	03	04	05
2. 发展员工的潜能	01	02	03	04	05
3. 理解、信任员工	01	02	03	04	05
4. 重视员工的建议	01	02	03	04	05
5. 提供知识及技能的培训机会	01	02	03	04	05
6. 重视团队建设	01	02	03	04	05
7. 鼓励合作精神	01	02	03	04	05
8. 促进员工之间情感的交流	01	02	03	04	05
9. 鼓励员工之间的相互协作	01	02	03	04	05
10. 员工之间相互体贴	01	02	03	04	05
11. 最大限度满足顾客的需要	01	02	03	04	05
12. 客户的利益高于一切	01	02	03	04	05
13. 提倡顾客就是上帝	01	02	03	04	05
14. 向顾客提供一流的服务	01	02	03	04	05
15. 真诚服务客户	01	02	03	04	05
16. 重视社会责任	01	02	03	04	05
17. 企业的使命就是服务社会	01	02	03	04	05

18. 经济效益与社会效益并重	☐ 01	☐ 02	☐ 03	☐ 04	☐ 05
19. 重视社会的长远发展	☐ 01	☐ 02	☐ 03	☐ 04	☐ 05
20. 乐于接受新生事物	☐ 01	☐ 02	☐ 03	☐ 04	☐ 05
21. 注重新产品、新服务的开发	☐ 01	☐ 02	☐ 03	☐ 04	☐ 05
22. 鼓励创新	☐ 01	☐ 02	☐ 03	☐ 04	☐ 05
23. 大胆引进高新科技	☐ 01	☐ 02	☐ 03	☐ 04	☐ 05

三、以下题目是关于公司的一些具体情况，请您根据贵单位实际情况选择，并在相应题项前点击。

您所在的企业	完全不符合 1	不符合 2	不确定 3	符合 4	完全符合 5
关于人力资源管理政策					
1. 高层从内部提拔而不是从外部招聘	☐ 01	☐ 02	☐ 03	☐ 04	☐ 05
2. 员工招聘有细致的遴选程序	☐ 01	☐ 02	☐ 03	☐ 04	☐ 05
3. 培训及其他公司组织的各种活动多	☐ 01	☐ 02	☐ 03	☐ 04	☐ 05
4. 轻易不解聘员工	☐ 01	☐ 02	☐ 03	☐ 04	☐ 05
5. 员工工作范围广泛，有内部轮岗制	☐ 01	☐ 02	☐ 03	☐ 04	☐ 05
6. 业绩考核强调团队业绩，而不仅仅是个人业绩	☐ 01	☐ 02	☐ 03	☐ 04	☐ 05
7. 业绩考核强调行为，努力程度，不仅仅是过去目标的实现	☐ 01	☐ 02	☐ 03	☐ 04	☐ 05
8. 业绩考核强调未来技能发展，而不仅仅是过去目标的实现	☐ 01	☐ 02	☐ 03	☐ 04	☐ 05
9. 员工待遇好（包括工资与各种福利）	☐ 01	☐ 02	☐ 03	☐ 04	☐ 05
10. 多数员工持有股权或分红权	☐ 01	☐ 02	☐ 03	☐ 04	☐ 05
11. 各级员工在收入、地位、文化上尽量平等	☐ 01	☐ 02	☐ 03	☐ 04	☐ 05
12. 通过建议、抱怨制度及士气调查等手段让员工参与决策	☐ 01	☐ 02	☐ 03	☐ 04	☐ 05
13. 高层坦率沟通，与员工分享各种信息	☐ 01	☐ 02	☐ 03	☐ 04	☐ 05
14. 公司强调实现极高的目标	☐ 01	☐ 02	☐ 03	☐ 04	☐ 05
15. 强调团队工作，集体主义，而不是个人奋斗	☐ 01	☐ 02	☐ 03	☐ 04	☐ 05

附录 C 调查问卷二

公司名称：

部门：   问卷编号：

尊敬的女士/先生：

这是一份学术性研究问卷，我们保证您的答案只用于学术研究，不会向任何人泄露。恳请您给予协助，谨此表示衷心感谢！

请您根据填列问卷三的员工实际情况，对下列问题进行相应地选择，请您凭直觉尽快回答。答案从 1 到 5 分为五个标准，程度从否定到肯定。请只选一个答案，对从未思考过的问题，也尽可能做出选择，不要遗漏，尽量不选答案 3 "不确定"。

1. 该员工性别：■①男 ■②女
2. 该员工工作岗位：■①高管 ■②中层管理者 ■③基层管理者
■④技术人员 ■⑤文员 ■⑥一般员工

描述	完全不同意	较不同意	不确定	较同意	完全同意
1. 能主动寻找并采用新技术、新程序、新工艺，有改进产品的新创意	■01	■02	■03	■04	■05
2. 能不断针对工作提出新的、具有创造性的改进意见	■01	■02	■03	■04	■05
3. 积极地向别人推销自己的新想法，并坚决捍卫自己的想法	■01	■02	■03	■04	■05

4. 为完成与革新相关的创意，自觉进行资金预算，并主动寻求资金支持	☐ 01	☐ 02	☐ 03	☐ 04	☐ 05
5. 为实现新的创意，制订详尽的计划，并能列出完成计划的时间进度表	☐ 01	☐ 02	☐ 03	☐ 04	☐ 05
6. 是一个勇于创新的员工，乐于在工作场所表达自己新的观点	☐ 01	☐ 02	☐ 03	☐ 04	☐ 05
7. 能保证工作的质量	☐ 01	☐ 02	☐ 03	☐ 04	☐ 05
8. 工作效率较高	☐ 01	☐ 02	☐ 03	☐ 04	☐ 05
9. 可以完成工作目标和要求	☐ 01	☐ 02	☐ 03	☐ 04	☐ 05

附录 D　调查问卷三

公司名称：

部门：　　　　　　　　　　**问卷编号：**

尊敬的女士/先生：

这是一份学术性研究问卷，我们保证您的答案只用于学术研究，不会向任何人泄露。恳请您给予协助，谨此表示衷心感谢！

请您根据实际情况对下列问题进行相应地选择，请您凭直觉尽快回答。答案从 1 到 5 分为五个标准，程度从否定到肯定。每个人对问题都有不同的看法，故答案没有对错之分。请只选一个答案，对从未思考过的问题，也尽可能做出选择，不要遗漏，尽量不选答案 3 "不确定"。

背景信息（请填空或在题项前的方框中点击）

1. 您的性别：■①男 ■②女

2. 您的婚姻状况：■①未婚 ■②已婚 ■③离婚

3. 您的年龄：■①22 岁以下 ■②23—30 岁 ■③31—40 岁 ■④41—50 岁 ■⑤51—60 岁 ■⑥61 岁以上

4. 您的学历：■①高中以下 ■②高中 ■③中专 ■④大专 ■⑤本科 ■⑥研究生及以上

5. 您的工作岗位：■①高管 ■②中层管理者 ■③基层管理者 ■④技术人员 ■⑤文员 ■⑥一般员工

6. 您的工作年限：■①5 年以下 ■②6—10 年 ■③11—20 年 ■④21—30 年 ■⑤31 年以上

7. 您从事本工作的年限：■①5 年以下 ■②6—10 年 ■③11—20 年 ■④21—30 年 ■⑤31 年以上

8. 您在贵公司服务年限：■①5 年以下 ■②6—10 年 ■③11—20 年 ■④21—30 年 ■⑤31 年以上

下面是一些描述题，每题评价标准为：1. 完全不同意；2. 不太同意；3. 不确定；4. 较同意；5. 完全同意。请您根据实际情况选择。

描述	完全不同意	不太同意	不确定	较同意	完全同意
1. 我经常思考工作中可改进的问题，并考虑提供什么建议	■01	■02	■03	■04	■05
2. 我对自己是不是属于创新型的员工并没有很清晰的概念	■01	■02	■03	■04	■05
3. 我不太清楚自己是否应该经常提供建设性的意见或建议	■01	■02	■03	■04	■05
4. 我认为提出有见地的、创新性的意见是我工作职责的一部分	■01	■02	■03	■04	■05
5. 我有强烈的冲动为自己的团队提供新的、具有建设性的创意	■01	■02	■03	■04	■05
6. 我愿意在工作中贡献自己的创意、提出改进建议，并尽可能实践它们	■01	■02	■03	■04	■05
7. 我觉得自己擅长提出各种新的想法和改进工作建议	■01	■02	■03	■04	■05
8. 我相信自己有创造性地解决问题的能力，可以不断地改进工作	■01	■02	■03	■04	■05
9. 我具备为其他同事完善他们创意思想的技巧	■01	■02	■03	■04	■05
10. 我擅长找到各种新的方法解决问题	■01	■02	■03	■04	■05
11. 我相信公司（组织）是非常正直的	■01	■02	■03	■04	■05
12. 我相信公司（组织）会以一致（一贯）的、可预测的方式对待我	■01	■02	■03	■04	■05
13. 我觉得公司（组织）并不总是诚实（可信）的	■01	■02	■03	■04	■05
14. 总的来说，我相信公司的动机和意图是好的	■01	■02	■03	■04	■05

15. 我认为我的公司（组织）对我是坦率的、开放的	☐01	☐02	☐03	☐04	☐05
16. 我认为公司能公平地待我	☐01	☐02	☐03	☐04	☐05
17. 我相信我的公司能为我的工作提供帮助和支持	☐01	☐02	☐03	☐04	☐05
18. 我相信我的公司会关心我的福利	☐01	☐02	☐03	☐04	☐05
19. 我完全相信我的公司	☐01	☐02	☐03	☐04	☐05
20. 我和主管是一种平等关系，能自由交换各自的想法、感受和期望	☐01	☐02	☐03	☐04	☐05
21. 我能和主管毫无拘束地讨论工作中的困难，我知道他也愿意听	☐01	☐02	☐03	☐04	☐05
22. 我和主管任何一人离开，不在一起工作，我俩都会感到失落	☐01	☐02	☐03	☐04	☐05
23. 如果我找主管讨论我遇到的任何问题，相信他会关心我，并给出建设性意见	☐01	☐02	☐03	☐04	☐05
24. 我承认，在我和我的主管的工作关系中，我俩都投入了相当多的感情	☐01	☐02	☐03	☐04	☐05
25. 我的主管会以专业水准和奉献精神来完成他的工作	☐01	☐02	☐03	☐04	☐05
26. 根据我的主管一贯的业绩和工作表现，我并不会怀疑他的能力和对工作的胜任	☐01	☐02	☐03	☐04	☐05
27. 我相信我的主管不会因为自己的工作疏忽而给我的工作造成困难	☐01	☐02	☐03	☐04	☐05
28. 大多数人，即使较孤僻的人，也会把我的主管当做值得信赖和尊重的同事	☐01	☐02	☐03	☐04	☐05
29. 其他部门的同事，只要与我的主管接触过的，都认为他是值得信赖的	☐01	☐02	☐03	☐04	☐05
30. 对我主管人品和背景深入了解后，人们会开始担心，从而更加关注他的工作	☐01	☐02	☐03	☐04	☐05
31. 我和我的同事们能相互自由地交换各自的想法、感受和期望	☐01	☐02	☐03	☐04	☐05
32. 我可以和同事毫无拘束地讨论工作中的困难，并且我知道他们也愿意倾听	☐01	☐02	☐03	☐04	☐05

33. 如果我和我的同事因工作变动而分开，不在一起工作，我们都会感到失落	▢01	▢02	▢03	▢04	▢05
34. 如果我和同事讨论我遇到的任何问题，他们会关心我，并给出建设性意见	▢01	▢02	▢03	▢04	▢05
35. 我必须承认，在工作关系中，我和同事都投入了相当多的感情	▢01	▢02	▢03	▢04	▢05
36. 我的同事会以专业水准和奉献精神来完成他的工作	▢01	▢02	▢03	▢04	▢05
37. 根据同事们一贯的业绩和工作表现，我并不会怀疑其能力和对工作的胜任	▢01	▢02	▢03	▢04	▢05
38. 我相信我的同事不会因为自己的工作疏忽，而给我的工作造成困难	▢01	▢02	▢03	▢04	▢05
39. 大多数人，即使比较孤僻的人，也会信赖和尊重我的同事	▢01	▢02	▢03	▢04	▢05
40. 其他部门与我们接触过的同事，都认为他们是值得信赖的	▢01	▢02	▢03	▢04	▢05
41. 对我们团队的人品和背景有所了解后，人们会较担心，会加强监督工作	▢01	▢02	▢03	▢04	▢05

参考文献

一 英文文献

Appelbaum, E. , Bailey, T. , Berg, P. and Kalleberg, A. , *Manufacturing Advantage:Why High – performance Work systems Pay off.* L. Ithaca, NY:ILR Press,2000.

Arrow, K. , *The Limits of Organization*, Norton Press,1994.

Barber, B. , *The Logic and Limits of Trust.* New Brunswick, NJ:Rutgers U-niversity Press,1983.

Blau, P. M. , *Exchange and Powering Social Life*, New York:Wiley,1964.

Boon, S. D. and Holmes, J. G. , *The Dynamics of Interpersonal Trust:Resolving Uncertainty in the Face of Risk*, *Cooperation and Prosocial Behavior*, Cambridge University Press,1991.

Druker, P. F. , *Innovation and Entrepreneurship*, London:Pan Books, 1985.

Fukuyama, E. , *Trust:The Social Virtues and the Creation of Prosperity*, Free Press, New York, NY,1995.

Hair, J. E. , Anderson, R. E. , Tatham, R. L. and Black, W. C. , *Multivariate Data Analysis with Readings.* Englewood Cliffs, NJ:Prentice – Hall International Editions,1998.

Hofstede, G. , *Cultures and Organizations Software of the Mind*, New York:McGraw Hill,1997.

Hofstede, G. , *Cultures and Organizations*, London:McGraw – Hill.

Kahneman, D. Slovic, P. and Tversky, A. , *Judgment under Uncertainty: Heuristics and Biases.* Cambridge:Cambridge University Press,1982.

Kilmann, R. H. and Saxton, M. (Eds) , *Gaining Control of the Corporate*

Culture, San Francisco: Jossey Bass, 1985.

McShane, S. L. and Von, G. M. A. , *Organizational Behavior.* Boston: Irwin McGraw – Hill.

Miller, G. J. , *Managerial Dilemmas: The Political Economy of Hierarchies*, Cambridge University Press, 1992.

Nunnally, J. C. , *Psychometric Theory* (2nd ed.), New York: McGraw – Hill, 1978.

Quinn, J. B. , *Strategies for Change: Logical Incrementatism*, IL, Irwins, 1980.

Schein, E. H. , *Organizational Culture and Headship: A Dynamic View*, San Francisco: Josses Bass, 1985.

Schein, E. H. , *The Corporate Culture Survival Guide.* , New Jersey: John Wiley & Sons, Inc, 1999.

Weber, M. , *Economy and Society.* Berkeley: University of California Press, 1978.

West, M. A. and Farr, J. L. , *Innovation and Creativity at Work: Psychological and Organizational Strategies*, Chichester: John Wiley, 1990.

Ajzen, I. , "The Theory of Planned Behavior", *Organizational Behavior and Human Decision Processes*, Vol. 50, No. 2, 1991.

Ajzen, I. , "Residual Effects of Past on Later Behavior: Habituation and Reasoned Action Perspectives", *Personality and Social Psychology Review*, Vol. 2, 2002.

Akbar, Z. , McEvily, B. and Vincenzo, P. , "Does Trust Matter? Exploring the Effects of Inter – organizational and Interpersonal Trust on Performance", *Organizational Science*, Vol. 9, No. 2, 1998.

Amabile, T. M. , "Motivating Creativity in Organizations: On Doing What You Love and Loving What You Do", *California Management Review*, Vol. 40, No. 1, 1997.

Amabile, T. M. , Conti, R. , Coon, H. , Lazenby, J. and Herron, M. , "Assessing the Work Environment for Creativity", *Academy of Management Journal*, Vol. 39, 1996.

Amabile, T. M. , "The Social Psychology of Creativity: A Componential

Conceptualization", *Journal of Personality and Social Psychology*, Vol. 45, No. 3, 1983.

Armitage, C. J. and Conner, M., "Efficacy of the Theory of Planned Behavior: A Meta – analytic Review", *British Journal of Social Psychology*, Vol. 40, 2001.

Anne S. Tsui., Wang, H. and Xin, K. R., "Organizational Culture in China: An Analysis of Culture Dimensions and Culture Types", *Management and Organization Review*, Vol. 2, No. 3, 2006.

Aryee, S., Budhwar, P. S. and Chen, Z. X., "Trust as A Mediator of the Relationship Between Organizational Justice and Work Outcomes: Test of Social Exchange Model", *Journal of Organizational Behavior*, Vol. 23, 2002.

Ashiford, S. J., Lee, C. and Bobko, P., "Content, Causes, and Consequences of Job Insecurity: A Theory – based Measure and Substantive Test", *Academy of Management Journal*, Vol. 32, No. 4, 1989.

Atuahene – Gima, K. and Li, H., "When Does Trust Matter? Antecedents and Contingent Effects of Supervisee Trust on Performance in Selling New Products in China and the United States", *The Journal of Marketing*, Vol. 66, 2002.

Bae, J. and Lawler, J. J., "Organizational and HRM Strategies in Korea: Impact on Firm Performance in An Emerging Economy", *Academy of Management Journal*, Vol. 43, 2000.

Bandura, A., "On Rectifying the Comparative Anatomy of Perceived Control: Comments on Cognates of Personal Control", *Applied and Preventive Psychology*, No. 1, 1992.

Bandura, A. and Wood R. E., "Effect of Perceived Controllability and Performance Standards on Self – regulation of Complex Decision Making", *Journal of Personality and Social Psychology*, No. 1, 1989.

Becke, T. E. andCote, J. A., "Additive and Multiplicative Method Effects in Applied Psychological Rresearch: An Empirical Assessment of Three Models", *Journal of Management*, Vol. 20, 1994.

Biddle, B. J., Barbara, J. B. and Ricky, L. S., "Norms, Preferences, Identities and Retention Decisions", *Social Psychology Quarterly*, Vol. 50, 1987.

Bigley, G. A. and Pearce, J. L. , "Straining for Shared Meaning in Organization Science: Problems of Trust and Distrust", *Academy of Management Review*, Vol. 23, No. 3, 1998.

Boyle, R. and Bonacich, P. , "The Development of Rrust and Mistrust in Mixed – motives Games", *Sociometry*, Vol. 33, 1970.

Brislin, R. W. , "Translation and Content Analysis of Oral and Written Material", *Handbook of Cross – cultural Psychology*, Boston: Allyn & Bacon, 1980.

Brockner, J. , Siegel, P. A. , Daly, J. P. , Tyler, T. and Martin, C. , "When Trust Matters: The Moderating Effect of Outcome Favorability", *Administrative Science Quarterly*, Vol. 42, 1997.

Bromiley, P. and Cummings, L. L. , "Transaction Costs in Organizations with Trust", In: Bies R. Lewicki, R. Sheppard Bed. *Research on Negotiation in Organizations*. Greenwich, CT: JAI, 1996.

Burke, P. J. , "Identity Processes and Social Stress", *American Sociological Review*, Vol. 56, 1991.

Butler, J. K. , "Toward Understanding and Measuring Conditions of Trust: Evolution of A Condition of Trust in Ventory", *Journal of Management*, Vol. 17, 1991.

Butler, J. K. and Cantrell, R. S. , "A Behavioral Decision Theory Approach to Modeling Dyadic Trust in Superiors and Subordinates", *Psychological Reports*, Vol. 55, 1984.

Cano, C. P. and Cano, P. Q. , "Human Resources Management and Its Impact on Innovation Performance in Companies", *International Journal of Technology Management*, Vol. 35, 2006.

Cervone, D. , Jiwani, N. and Wood, R. E. , "Goal Setting and the Differential Influence of Self – regulatory Processes on Complex Decision Making Performance", *Journal of Personality and Social Psychology*, Vol. 61, No. 2, 1991.

Chen, C. C. , Chen, X. P. and Meindl, J. R. , "How Can Cooperation Be Fostered? The Cultural Effects of Individualism – collectivism", *Academy of Management Review*, Vol. 23, 1998.

Chowdhury, S. , "The Role of Affect and Cognition – based Trust in Complex Knowledge Sharing", *Journal of Managerial Issues*, No. 3, 2005.

Cohen, S. G. and Bailey, D. E., "What Makes Teams Work: Group Effectiveness Research from the Shop Floor to the Executive Suite", *Journal of Management*, Vol. 23, 1997.

Connell, J., Ferres, N. and Trayione, T., "Trust in the Workplace: the Importance of Interpersonal and Organizational Support", *Journal of Management Research*, Vol. 3, No. 2, 2003.

Cook, J. and Wall, T., "New Work Attitude Measures of Trust, Organizational Commitment and Personal Need Non – fulfillment", *Journal of Occupational Psychology*, Vol. 53, No. 1, 1980.

Cooper, C. L., Dyck, B. and Frohlich, N., "Improving the Effectiveness of Gainsharing: The Role of Fairness and Participation", *Administrative Science Quarterly*, Vol. 37, 1992.

Costigan, R. D., Itler, S. S. and Berman, J. J., "A Multi – dimension of Trust in Organization", *Journal of Managerial Issues*, Vol. 3, No. 2, 1998.

Crosby, F., "A Model of Egoistic Relative Deprivation", *Psychological Review*, Vol. 83, 1976.

Damanpour, F., "Organizational Innovation: A Meta Analysis of Effects of Determinants and Moderators", *Academy of Management Journal*, Vol. 3, 1991.

Das, T. K. and Teng, B. S., "Trust, Control and Risk in Stategic Alliances: An Integrated Framework", *Organization Studies*, Vol. 2, 2001.

Davis, J., Schoorman, F. D. and Mayer, R. and Tan, H., "Trusted Unit Manager and Business Unit Perform Ance: Empirical Evidence of A Competitive Advantage", *Strategic Management*, Vol. 21, No. 1, 2000.

Dawes, R. M., "Social Dilemmas", *Annual Review of Psychology*, Vol. 31, 1980.

Delery, J. E. and Doty, H. D., "Modes of Theorizing in Strategic Human Resources Management: Test of Universalistic, Contingency, and Configurationally Performance Predictions", *Academy of Management Journal*, Vol. 39, 1996.

Dempster, A. P., Rubin, D. B. and Tsutakawa, R. K., "Estimation in Covariance Component Models", *Journal of the American Statistical Association*, Vol. 76, 1981.

Denison, D. R. and Mishra, A. K. , "Toward A Theory of Organizational Culture and Effectiveness", *Organization Science*, Vol. 2, 1995.

Dirks, K. T. and Ferrin, D. L. , "Trust in Leadership: Meta – analytic Findings and Implications for Research and Practice", *Journal of Applied Psychology*, Vol. 87, 2002.

Dirks, K. T. , "Trust in Leadership and Team Performance: Evidence from NCAA Basketball", *Journal of Applied Psychology*, Vol. 85, 2000.

Dirks, K. T. and Ferrin, D. L. , "The Role of Trust in Organizational Settings", *Organization Science*, No. 12, 2001.

Doney, P. M. , Cannon, J. P. and Mullen, M. R. , "Understanding the Influence of Nation Culture on the Development of Trust", *Academy of Management Review*, Vol. 23, No. 3, 1998.

Dougherty, D. , "Interpretive Barriers to Successful Product Innovation in Large Firms", *Organization Science*, No. 3, 1992.

Drazin, R. , Glyrm, M. A. and Kazanjian, R. K. , "Multilevel Theorizing about Creativity in Organizations: A Sense Making Perspective", *Academy of Management Review*, Vol. 24, 1999.

Driscoll, J. W. , "Trust and Participation in Organizational Decision Making as Predictors of Satisfaction", *Academy of Management Journal*, Vol. 21, No. 1, 1978.

Drolet, A. L. and Morris, M. W. , "Repport in Conflict Resolution: Accounting for How Face – to – face Contact Fosters Mutual Cooperation in Mixed – motive Conflicts", *Journal of Experimental Social Psychology*, Vol. 31, No. 1, 2000.

Earley, T. C. , "Social Loafing and Collectivism: A Comparison of the United States and the Peoples Republic of China", *Administrative Science Quarterly*, Vol. 34, 1989.

Edmondson, A. , "Psychological Safety and Learning Behavior in Work Teams", *Administrative Science Quarterly*, Vol. 4, 1999.

Ellis, K. and Shockley – Zalabak, P. , "Trust in Top Management and Immediate Supervisor: The Relationship to Satisfaction, Perceived Organizational Effectiveness, and Information Receiving", *Communication Quarterly*, Vol. 49, No. 4, 2001.

Ericsson, K. A., Krampe, R. T. and Glemens, T. R., "The Role of Deliberate Practice in Expert Performance", *Psychological Review*, Vol. 103, 1993.

Farmer, S. M., Tierney, P. and Kung – McIntyre, K., "Employee Creativity in Taiwan: An Application of Role Identity Theory", *Academy of Management Journal*, Vol. 46, No. 5, 2003.

Farmer, S. M. and Tierney, P., "Leader Behavior, Creativity, and the Creative Self – Concept", *Paper for the Annual Meeting of the Society for Industrial and Organizational Psychology*, New York City, 2007.

Farrell, J. B., Flood, P. C. and Curtain, S. M., "CEO Leadership, Top Team Trust and the Combination and Exchange of Information", *Irish Journal of Management*, Vol. 16, No. 1, 2005.

Ferres N., Connell, J. and Travaglione, A., "Co – worker Trust as A Social Catalyst for Constructive Employee Attitudes", *Journal of Managerial Psychology*, Vol. 19, 2004.

Festinger, L., "A Theory of Social Comparisons Processes", *Human Relations*, No. 7, 1954.

Fine, G. and Holyfield, L., "Secrecy, Trust and Dangerous Leisure: Generating Group Cohesion in Voluntary Organizations", *Social Psychology Quality*, Vol. 59, 1996.

Fleishman, J. A., "The Effects of Decision Framing and Others Behavior on Cooperation in A Social Dilemma", *Journal of Conflict Resolution*, Vol. 32, 1988.

Foote, N. N., "Identification as the Basis for A Theory of Motivation", *American Sociological Review*, Vol. 26, 1951.

Ford, G., "A Theory of Individual Creative Action in Multiple Social Domains", *Academy of Management Review*, Vol. 21, 1996.

Ganesan, S., "Determinants of Long – term Orientation in Buyer – seller Relationship", *Journal of Marketing*, Vol. 58, No. 4, 1994.

Ganster, D. C., Hennessey, H. W. and Luthans, F., "Social Desirability

Response Effects：The Alternative Models"，*Academy of Management Journal*，Vol. 26，No. 2，1983.

Ghen，G. ，Gully，S. M. andEden，D. ，"Validation of A New General Self – efficacy Scale"，*Organizational Research Methods*，Vol. 4，2001.

Gilbert，J. A. ，Tang，F. and Li，P. ，"Examination of Organizational Trust Antecedents"，*Publica Personnenl Management*，Vol. 27，No. 3，1998.

Gist，M. E. and Mitchell，T. R. ，"Self – efficacy：A Theoretical Analysis of Its Determinants and Malleability"，*Academy of Management Review*，Vol. 17，1992.

Gould Williams，J. ，"The Importance of HR Practices and Workplace Trust in Achieving Superior Performance：A Study of Public – sector Organiza-tions"，*Human Resource Management*，Vol. 14，2003.

Grand，R. and Swamy，K. ，"A Changing Competitive Dynamics in Net-work Industries：An Exploration of Sun Microsystems Open Systems Strategy"，*Strategic Management Journal*，Vol. 14，1993.

Gregory，A. B. and Jone，L. P. ，"Straining for Shared Meaning in Organi-zation Science：Problems of Trust and Distrust"，*Academy of Management Re-view*，Vol. 23，No. 3，1998.

Gupta，A. K. and Singhal，A. ，"Managing Human Resources for Innova-tion and Creativity"，*Research Technology Management*，Vol. 31，1993.

Hackman，J. R. andOldham，G. R. ，"Motivation through the Design of Work：Test of A Theory". *Organizational Behavior and Human Performance*，Vol. 16，1976.

Hagger，M. S. ，Chatzisarantis，N. and Biddle，S. J. H. ，"The Influence of Autonomous and Controlling Motives on Physical Activity Intentions within the Theory of Planned Behavior"，*British Journal of Health Psychology*，No. 7，2002.

Hart，K. M. ，Capps，H. R. ，Cangemi，J. P. and Caillouet，L. M. ，"Explo-ring Organizational Trust and Its Multiple Dimensions：A Case Study of General Motors"，*Organization Development Journal*，Vol. 2，2004.

Helen，S. Michael，A. W. Jeremy，D. ，Kamal，B. and Malcolm，P. ，"HRM as A Predictor of Innovation"，*Human Resource Management Journal*，Vol. 16，

No. 1 ,2006.

Hofstede,G. , Neuijen,B. , Ohayv,D. D. and Sander,G. . , "Measuring Organizational Culture:A Qualitative and Quantitative Study Across Twenty Cases" ,*Administrative Science Quarterly* ,Vol. 35 ,1990.

Hogan,R. , Curphy,G. and Hogan,J. , "What We Know about Leadership:Effectiveness and Personality" ,*American Psychologist* ,Vol. 49 ,1994.

Huselid,M. A. and Becker,B. E. , "Methodological Issues in Cross – sectional and Panel Estimates of the HR – firm Performance Link" ,*Industrial Relations* ,Vol. 35 ,1996.

Huselid,M. A. , "The Impact of Human Resource Management Practices on Turnover, Productivity, and Corporate Financial Performance" ,*Academy of Management Journal* ,Vol. 38 ,1995.

James,W. M. , "Best HR Practices for Today's Innovation Management" ,*Research Technology Management* ,Vol. 45 ,2002.

Jeffries,F. L. , "Trust and Adaptation in Relational Contracting" ,*Academy of Management Review* ,Vol. 25 ,No. 4 ,2000.

Jin,N. C. , "Individual and Contextual Predictors of Creative Performance:The Mediating Role of Psychological Processes" , *Creativity Research Journal* ,Vol. 16 ,2004.

Johnson – George,C. and Swap,W. C. , "Measurement of Specific Interpersonal Trust:Construction and Validation of A Scale to Assess Trust in A Specific Other" ,*Journal of Personality and Social Psychology* ,Vol. 43 ,1982.

Kelly,H. H. , "The Processes of Causal Attribution" ,*American Psychologist* ,Vol. 28 ,1973.

Kerr,N. , "Motivation Losses in Small Groups:A Social Dilemma Analysis" ,*Journal of Personality and Social Psychology* ,Vol. 45 ,1983.

Kerr,N. and Bruun,S. E. , "Dispensability of Member Effort and Group Motivation Losses:Free – rider Effects" ,*Journal of Personality and Social Psychology* ,Vol. 44 ,1983.

Kirkpatrick,S. A. , Locke,E. A. , "Direct and Indirect Effects of Three Core Charismatic Leadership Components on Performance and Attitudes" , *Journal of Applied Psychology* ,Vol. 81 ,1996.

Kok – Yee Ng. and Roy, Y. J. , "Do I Contribute More When I Trust More Differential Effects of Cognition and Affect Based Trust", *Management on Organization Research*, Vol. 2, No. 1, 2006.

Korsgaard, M. A. , Brodt, S. E. and Whitener, E. M. , "Trust in the Face of Conflict: The Role of Managerial Trustworthy Behavior and Organizational Context", *Journal of Applied Psychology*, Vol. 87, 2002.

Korsgaard, M. A. , Schweiger, D. M. and Sapienza, H. J. , "The Role of Procedural Justice in Building Commiment, Attahment, and Trust in Strategic Decision – making Team", *Academy of Management Journal*, Vol. 38, 1995.

Kramer, R. M. , "Trust and Distrust in Organizations: Emerging Perspectives, Enduring Questions", *Annual Review of Psychology*, Vol. 50, 1999.

Langfred, C. , "Too Much of A Good Thing? Negative Effects of High Trust and Individual Autonomy in Self – managing Teams", *Academy of Management Journal*, Vol. 47, 2004.

Laschinger, H. K. S. , Finegan, J. and Shamian, J. , "The Impact of Workplace Empowerment, Organizational Trust on Staff Nurses Work Satisfaction and Organizational Commitment", Health Care Management Review, Vol. 26, No. 3, 2001.

Laurie, L. C. andWarren, H. J. , "Measuring Levels of Trust", *Journal of Research in Personality*, Vol. 31, 1997.

Laursen, K. and Foss, N. J. , "New Human Resource Management Practices, Complementarities and the Impact on Innovation Performance", *Cambridge Journal of Economics*, Vol. 27, 2003.

Lawler, E. E. III. , "Employee Involvement Makes A Difference", *Journal for Quality and Participation*, Vol. 22, No. 2, 1999.

Leung, K. and Bond, M. H. , "The Impact of Cultural Collectivism on Reward Allocation", *Journal of Personality and Social Psychology*, Vol. 47, No. 4, 1984.

Leung, K. and Iwawaki, S. , "Cultural Collectivism and Distributive Behavior", *Journal of Cross – Cultural Psychology*, Vol. 19, No. 1, 1988.

Lewis, J. D. and Weigert, A. , "Trust as A Social Reality", *Social Forces*, Vol. 63, 1985.

Li,N. ,Yan,J. and Jin,M. , "How Does Trust in Organizations Benefit Task Performance",*Act a Psychologica Sinica*,Vol. 38,No. 5,2006.

Lindskol,S. , "Trust Development,the GRIT Proposal and the Effects on Conciliatory Acts on Conflict and Cooperation", Psychology Bull, Vol. 85, 1978.

Luo,J. D. , "Particularistic Trust and General Trust:A Network Analysis in Chinese Organizations". *Management and Organization Review*,Vol. 1,No. 3,2005.

Mayer,R. C. and Gavin,M. B. , "Trust in Management and Performance: Who Minds the Shop While the Employees Watch the Boss",*Academy of Management Journal*,Vol. 48,2005.

Mayer,R. C. ,Davis,J. H. and Schoorman,F. D. , "An Integration Model of Organizational Trust",*Academy of Management Review*,Vol. 20,1995.

McAllister,D. J. , "Affect – based and Cognition – based Trust as Foundations for Interpersonal Cooperation in Organizations",*Academy of Management Journal*,Vol. 38,1995.

MeCauley,R. C. and Kuhnert,K. W. , "A Theoretical Review and Empirical Investigation of Employee Trust", *Public Administration Quarterly*, Summer,1992.

Messick,D. M. and Brewer, M. B. , "Solving Social Dilemmas: A Review",*Review of Personality and Social Psychology*,Vol. 4,1983.

Mishra, A. and Spreitzer, G. , "Explaining How Survivors Respond to Downsizing:The Roles of Trust,Empowerment,Justice,and Work Redesign", *Academy of Management Review*,Vol. 23,1998.

Mitchell,A. M. and Ted,Y. A. , "How to Use Your Organizational Culture as A Competitive Tool",*Nonprofit World*,*Madison*,Vol. 20,No. 2,2002.

Morgan,D. E. and Zeffan,R. , "Employee Involvement, Organizational Change and Trust in Management",*International Journal of Human Resource Management*,Vol. 14,No. 1,2003.

Morris,M. W. ,Sim,D. L. H. and Girotto,V. , "Distinguishing Sources of Cooperation in the One – round Prisoners Dilemma:Evidence for Cooperative Decisions Based on the Illusion of Control", *Journal of Experimental Social*

Psychology, Vol. 34, 1998.

Mumford, M. D, "Social on Novation: Ten Cases from Benjamin Franklin", *Creative Research Journal*, Vol. 14, 2002.

Mumford, M. O. and Gustafson, S. B. , "Creativity Syndrome: Integration, Application, and Innovation", Psychological Bulletin, Vol. 103, 1988.

Nyhan, R. C. and Marlowe, J. H. A. , "Development and Psychometric Properties of the Organizational Trust Inventory", *Evaluation Review*, Vol. 21, No. 5, 1997.

Nyhan, R. C. , "Changing Paradigm: Trust and Its Role in Public Sector Organizations", *American Review of Public Administration*, Vol. 30, No. 1, 2000.

O' Reilly, C. , Chatman, J. and Caldwell, D. , "People and Organizational Culture: A Profile Comparison Approach to Assessing Person – organization Fit", *Academy of Management Journal*, Vol. 34, 1991.

Paul, D. L. and McDaniel, R. R. , "A Field Study of the Effect of Interpersonal Trust on Virtual Collaborative Relationship Performance", *MIS Quarterly*, Vol. 28, No. 2, 2004.

Petkus, E. , "The Creative Identity: Creative Behavior from the Symbolic Inter – actionist Perspective", *Journal of Creative Behavior*, Vol. 30, 1996.

Pettigrew, A. M. , "On Studying Organizational Culture", *Administrative Science Quarterly*, Vol. 24, 1979.

Pillai, R. , Schiesheim, C. A. and Williams, E. S. , "Fairness Perceptions and Trust as Mediators for Transformational and Transactional and Transactional Leadership: A Two – sample Study", *Journal of Management*, Vol. 25, No. 6, 1999.

Podsakof, P. , MacKenzie, S. B. , Moorman, R. and Fetter, R. , "Transformational Leader Behaviors and Their Effects on Followers Trust in Leader, Sarisfaction, and Organizational Citizenship Behaviors", *Leadership Quarterly*, Vol. 1, 1990.

Podsakoff, P. M. , Ahearne, M. and Mackenzie, S. B. , "Organizational Citizenship Behavior and the Quantity and Quality of Work Group Performance", *Journal of Applied Psychology*, Vol. 82, 1997.

Podsakoff, P. M. , MacKenzie, S. B. and Bommer, W. H. , "Transformational Leader Behaviors and Substitutes for Leadership as Determinants of Employee Satisfaction, Commitment, Trust, and Organizational Citizenship Behaviors", *Journal of Management*, Vol. 22, No. 2, 1996.

Politis, J. D. , "The Connection between Trust and Knowledge Management: What Are Its Implications for Team Performance", *Journal of Knowledge Management*, Vol. 7, No. 5, 2003.

Porter, T. W. and Lilly, B. S. , "The Effects of Conflict, Trust, and Task Commitment on Project Team Performance", *The International Journal of Conflict Management*, Vol. 7, No. 4, 1996.

Pruitt, D. G. , "Experimental Gaming and the Goal/Expectation Hypothesis", *Small Groups and Social Interaction*, No. 2, 1983.

Rempel, J. K. , Holmes, J. G. and Zanna, M. D. , "Trust in Close Relationships", *Journal of Personality and Social Psychology*, Vol. 49, 1985.

Rise, J. , Thompson, M. and Verplanken, B. , "Measuring Implementation Intentions in the Context of the Theory of Planned Behavior", *Scandinavian Journal of Psychology*, Vol. 44, 2003.

Robinson, S. L. , "Trust and Breach of Psychological Contract", *Administrative Science Quarterly*, Vol. 4, 1996.

Rousseau, D. M. , Sitkin, S. B, Butt, R. S. and Camerer. C. , "Not so Different after all: A Cross – discipline View of Trust", *Academy of Management Review*, Vol. 23, 1998.

Rutte, C. G. , Wilke, H. A. M. and Messick, D. M. , "Scarcity or Abundance Caused by People or the Environments as Determinants of Behavior in Resource Dilemma", *Journal of Experimental Social Psychology*, Vol. 23, 1987.

Schriesheim, C. , Castro, S. and Cogliser, C. , "Leader – member Exchange (LMX) Research: A Comprehensive Review Oftheory, Measurement, and Data – analytic Procedures", *Leadership Quarterly*, Vol. 10, 1999.

Schroeder, D. A. , Jensen, T. , Reed, A. , Sullivan, D. and Schwab, M. , "The Actions of Others as Determinants of Behavior in Social Trap Situations", *Journal of Experimental Social Psychology*, Vol. 19, 1983.

Schwartz, S. H. , "Are There Universal Aspects in the Content and Structure of Values?" , *Journal of Social Issues*, Vol. 50 , 1994.

Scott, S. G. and Bruce, R. A. , "Determinants of Innovative Behavior: A Path Model of Individual Innovation in the Workplace" , *Academy of Management Journal*, Vol. 37 , No. 3 , 1994.

Settoon, R. P. , Bennett, N. and Liden, R. C. , "Social Exchange in Organizations: Perceived Organizational Support, Leader Member Exchange, and Employee Reciprocity" , *Journal of Applied Psychology*, Vol. 81 , 1996.

Sethi, R. , Smith, D. C. and Park, C. W. , "Cross – functional Product Development Teams, Creativity, and the Innovativeness of New Consumer Products" , *Journal of Marketing Research*, Vol. 38 , No. 2001.

Shalley, C. E. , Gilson, L. L. and Blum, T. C. , "Matching Creativity Requirements and the Work Environment: Effects on Satisfaction and Intentions to Leave" , *Academy of Management Journal*, Vol. 43 , 2000.

Shalley, C. E. and Perry, S. J. E. , "Effects of Social Psychological Actors on Creative Performance: The Role of Informational and Controlling Expected Evaluation and Modeling Experience" , *Organizational Behavior and Human Decision Processes*, Vol. 884 , 2001.

Simonton, D. K. , "Artistic Creativity and Interpersonal Relationships Across and within Generations" , *Journal of Personality and Social Psychology*, Vol. 46 , 1984.

Sitkin, S. B. and Roth, N. L. , "Explaining the Limited Effectiveness of Legalistic 'remedies' for Trust/Distrust" , *Organization Science*, Vol. 4 , 1983.

Snell, S. A. , "Control Theory in Strategic Human Resource Management: The Mediating Effect of Administrative Information" , *Academy of Management Journal*, Vol. 35 , 1992.

Stephen, R. B. , Gordon, W. and Meyer, D. C. G. , "Cultures of Culture: Academics, Practitioners and the Pragmatics of Normative Control" , *Administrative Science Quarterly*, Vol. 33 , 1988.

Subramania, A. and Nilakanta, S. , "Organization Innovative: Exploring the Relationship Between Organization Determinants of Innovation, Types of Innovations, and Measures of Organizational Performance Omega" , *International*

Journal of Management Science, Vol. 24, No. 6, 1996.

Sun, L. Y., Aryee, S. and Law, K. S., "High Performance Human Resource Practices, Citizenship Behavior, and Organizational Performance: A Relational Perspective", *Academy of Management Journal*, Vol. 50, No. 3, 2007.

Tan, H. H. and Tanc, S. F., "Toward the Differentiation of Trust in Supervisor and Trust in Organization", *Genetic, Social and General Psychology Monographs*, Vol. 26, No. 2, 2000.

Tierney, P. and Farmer, S. M., "Creative Self – efficacy: Its Potential Antecedents and Relationship to Creative Performance", *Academy of Management Journal*, Vol. 45, 2002.

Verbeke, W., Volgering, M. and Hessels, M., "Exploring the Conceptual Expansion within the Field of Organizational Behavior: Organizational Climate and Organizational Culture", *Journal of Management Studies*, Vol. 5, 1998.

Way, S., "A High Performance Work Systems and Intermediate Indicators of Firm Performance within the US Small Business Sector", *Journal of Management*, Vol. 28, 1991.

Walton, R. E., "From Control to Commitment in the Workplace", *Harvard Business Review*, Vol. 63, No. 2, 1985.

Whitener, E. M., "The Impact of Human Resource Activities on Employee trust", *Human Resource Management Review*, Vol. 7, 1997.

Whitener, E. M., "Trust in the Face of Conflict: The Role of Managerial Trust Worthy Behavior and Organizational Context", *Journal of Applied Psychology*, Vol. 84, 2002.

Whitener, E. M., Brodt, S. E., Korsgaard, M., Audrey and Werner, J. M., "Managers As Initiators of Trust: An Exchange Relationship Framework for Understanding Managerial Trustworthy Behavior", *Academy of Management Review*, Vol. 23, No. 3, 1998.

Wong, Y. T., Ngo, H. Y. and Wong, C. S., "Antecedents and Outcomes of Employees Trust in Chinese Joint Ventures", *Asia Pacific Journal of Management*, Vol. 20, No. 4, 2003.

Wood R. E. and Bandura, A., "Impact of Conceptions of Ability on Self Regulatory Mechanisms and Complex Decision Making", *Journal of Personality and Social Psychology*, Vol. 56, No. 3, 1989.

Woodman, R. W., Sawyer, J. E. and Griffin, R. M., "Toward A Theory of Organizational Creativity", *Academy of Management Review*, Vol. 18, 1993.

Zaheer, A., McEvily, B. and Perrone, V., "Does Trust Matter? Exploring the Effects of Inter – organizational and Inter – personal Trust on Performance", *Organizational Science*, Vol. 9, No. 2, 1998.

Zhixing, X. and Bjorkman, I., "High Commitment Work Systems in Chinese Organizations: A Preliminary Measure", *Management and Organization Review*, Vol. 2, No. 3, 2006.

二　中文文献

宝贡敏:《论适合我国管理特点的企业管理模式》,《浙江大学学报》(人文社会科学版),2000年第6期。

陈春花:《企业文化的改造与创新》,《北京大学学报》(哲学社会科学版),1999年第3期。

陈志宏:《跨国公司与中国企业的自主创业》,中华人民共和国国家知识产权局网:http://www. sipo. gov. cn/sipo/xwdt/jdlt/200709/t20070906_ 199761. htm,2007、09、06。

曹科岩、龙君伟:《组织文化、知识分享与组织创新的关系研究》,《科学学研究》2009年第12期。

董伯俞:《从中国企业文化特点看中国人力资源管理》,《经济师》2003年第4期。

樊耘、顾敏、汪应洛:《论组织文化的结构》,《预测》2003年第3期。

樊耘、李纪花、顾敏:《基于四层次结构的组织文化与变革关系的实证分析》,《商业研究》2006年第19期。

费孝通:《乡土中国》,生活·读书·新知三联书店1985年版。

[美]福山:《信任:社会道德和繁荣的创造》,李宛蓉等译,远方出版社1998年版。

富立友:《基于知识共享的组织文化研究》,博士学位论文,复旦大学,2004年。

龚晓京:《人情、契约与信任》,《北京社会科学》1999年第4期。

郭庆科、韩丹、王昭等：《人格测验中题目正反向陈述的效应》，《心理学报》2006 年第 38 期。

郭廷建：《中国企业文化的改造与重塑》，《城市问题》1989 年第 3 期。

郭于华：《农村现代化过程中的传统亲缘关系》，《社会学研究》1994 年第 6 期。

郭志刚：《社会统计分析方法》，中国人民大学出版社 2006 年版。

韩振华、任剑锋：《社会调查研究中的社会称许性偏见》，《华中科技大学学报》（人文社科版），2002 年第 3 期。

黄芳铭：《结构方程模式：理论与应用》，中国税务出版社 2005 年版。

贾良定、陈永霞、宋继文等：《变革型领导、员工的组织信任与组织承诺》，《东南大学学报》（哲学社会科学版），2006 年第 6 期。

［美］克里斯·阿吉里斯：《个性与组织》，郭旭力、鲜红霞译，中国人民大学出版社 2007 年版。

黎群：《试论企业文化的形成机制与建设》，《北方交通大学学报》2001 年第 10 期。

李桂荣：《儒家传统价值观与西方现代企业管理理论》，《管理世界》2002 年第 4 期。

李怀祖：《管理研究方法论》，西安交通大学出版社 2004 年版。

李宁、严进、金鸣轩：《组织内部信任对任务绩效的影响效果》，《心理学报》2006 年第 5 期。

李伟民、梁玉成：《特殊信任与普遍信任：中国人信任的结构与特征》，《社会学研究》2002 年第 3 期。

梁克：《社会关系多样化实现的创造性空间——对信任问题的社会学思考》，《社会学研究》2002 年第 3 期。

廖卉、庄瑷嘉：《多层次理论模型的建立及研究方法——组织与管理研究的实证方法》，北京大学出版社 2008 年版。

林丽、张建新：《人际信任研究及其在组织管理中的应用》，《心理科学进展》2002 年第 3 期。

林语堂：《吾国与吾民》，东北师范大学出版社 1994 年版。

林芝芳、牛春巧、孙小强：《我国家族企业文化渊源探讨》，《商业时代》2006 年第 9 期。

刘军：《管理研究方法——原理与应用》，中国人民大学出版社
2008 年版。

刘理晖、张德：《组织文化度量：本土模型的构建与实证研究》，
《南开管理评论》2007 年第 2 期。

刘颖：《企业员工组织信任的内容结构及相关问题研究》，博士学
位论文，暨南大学，2007 年。

罗家德、叶勇助：《中国人的信任游戏》，社会科学文献出版社
2007 年版。

孟凡臣：《企业文化对于新产品开发的作用机理》，《科研管理》
2007 年第 5 期。

彭红霞、达庆利：《企业文化、组织学习、创新管理对组织创新能
力影响的实证研究》，《管理学报》2008 年第 1 期。

彭泗清：《信任的建立机制：关系运作与法制手段》，《社会学研
究》1999 年第 2 期。

彭泗清：《中国人"做人"的概念分析》，《本土心理学研究》1993
年第 2 期。

邱皓政：《脉络变量的多层次潜在变量模式分析：口试评分者效应
的多层次结构方程模式应用》，《中华心理学刊》2007 年第 4 期。

荣泰生：《企业研究方法》，中国税务出版社 2005 年版。

［美］斯坦雷·M. 戴维斯：《企业文化的评估与管理》，广东高等
教育出版社 1992 年版。

［美］斯蒂芬·P. 罗宾斯：《管理学》，中国人民大学出版社 1997
年版。

孙爱英、李垣、任峰：《组织文化与技术创新方式的关系研究》，
《科学学研究》2004 年第 4 期。

孙海法、戴水文、童丽：《民营企业组织文化价值观的维度》，《中
山大学学报》（社会科学版），2004 年第 3 期。

孙立平：《"关系"、社会关系与社会结构》，《社会学研究》1996
年第 5 期。

王飞雪、［日］山岸俊男：《信任中、日、美比较研究》，《社会学
研究》1999 年第 2 期。

王辉、忻榕、徐淑英：《影响企业绩效：组织文化比所有制更重要》，《哈佛商业评论》2006 年第 7 期。

王绍光、刘欣：《信任的基础——种理性的解释》，《社会学研究》2002 年第 3 期。

温福星：《阶层线性模型的原理与应用》，中国轻工业出版社 2009 年版。

魏均、张德：《传统文化影响下的组织价值观测量》，《中国管理科学》第 12 卷 2004 年 10 月。

吴根有：《现代中国人际信任的传统资源——〈论语〉、〈老子〉中的"信任"思想略论》，《理论学研究》2003 年第 3 期。

吴治国、石金涛：《员工创新行为触发系统分析及管理启示》，《中国软科学》2007 年第 3 期。

吴佳辉、林以正：《中庸思维量表的编制》，《本土心理学研究》2005 年第 24 期。

徐碧祥：《同事信任对其知识整合与共享意愿的作用机制研究》，博士学位论文，浙江大学，2007 年。

徐二明、郑平、吴欣：《影响知识分享的组织因素研究》，《经济管理》2006 年第 24 期。

谢友祥：《林语堂论中国文化的阴柔品格》，《北方论丛》2000 年第 5 期。

许科：《员工对领导者信任的结构研究》，硕士学位论文，河南大学，2005 年。

许庆瑞、谢章澍、郑刚：《全面创新管理的制度分析》，《科研管理》2004 年第 3 期。

（台湾）徐克谦：《从"中"字的三重含义看中庸思想》，《孔孟月刊》1998 年第 37 期。

晏贵年、管新潮：《中德信任观比较及其对企业组织管理的影响》，《德国研究》1999 年第 1 期。

杨朝旭、蔡柳卿：《人力资源管理系统、创新与企业经济附加价值关联性之研究》，《管理评论》2006 年第 7 期。

杨东涛：《制造战略、人力资源管理与公司绩效》，中国物资出版社 2007 年版。

杨东涛、刘杰：《最佳人力资源管理实践的研究》，《江苏社会科学》2005 年第 6 期。

杨国枢：《中国人的心理与行为：本土化研究》，中国人民大学出版社 2004 年版。

杨宜音：《"自己人"：信任建构过程的个案研究》，《社会学研究》1999 年第 2 期。

杨中芳、彭泗清：《中国人人际信任的概念化：一个人际关系的观点》，《社会学研究》1999 年第 2 期。

翟学伟：《社会流动与关系信任——也论关系强度与农民工的求职策略》，《社会学研究》2003 年第 2 期。

张德：《黄色文明与中国企业文化》，《清华大学学报》（哲学社会科学版），1989 年第 3、4 期。

张钢、孙明波：《关于组织创新研究的观点综述》，《科研管理》1997 年第 4 期。

张静：《信任问题》，《社会学研究》1997 年第 3 期。

张康之：《在历史的坐标中看信任》，《社会学研究》2005 年第 1 期。

张雷、郭伯良：《多层线性模型应用》，教育科学出版社 2003 年版。

张维迎、柯荣住：《信任及其解释：来自中国的跨省调查分析》，《经济研究》2002 年第 10 期。

张维迎：《法律制度的信誉基础》，《经济研究》2002 年第 1 期。

赵德华：《组织信任及其产生机制》，《学习与实践》2006 年第 1 期。

郑伯壎：《组织文化价值观的数量衡鉴》，《中华心理学刊》1990 年第 1 期。

郑伯壎：《企业组织中的上下属的信任关系》，《社会学研究》1999 年第 2 期。

周浩、龙立荣：《共同方法偏差的统计检验与控制方法》，《心理科学进展》2004 年第 6 期。

周毅：《中国企业文化要素与绩效关系研究》，博士学位论文，暨南大学，2007 年。

周建武：《基于社会交换理论的知识型员工激励研究》，《商业现代化》2007 年第 10 期。

（香港）赵志裕：《中庸思维的测量》，《香港社会科学学报》2000
年第 18 期。

朱瑜、王雁飞、蓝海林：《企业文化、智力资本与组织绩效关系研
究》，《科学学研究》2007 年第 5 期。